Rebirth
蛻變的重生旅程

Grace Ko 柯欣玄／著

目錄

前言

世界上有沒有一個地方讓你從小魂牽夢縈、非去不可？

世界上有沒有一個地方讓你一再前往，而且每一次抵達都有初次造訪的悸動，每次旅程後的感受也特別深刻？

有這麼一個地方，對我而言，就是埃及。

我三、四歲時，從聖經故事中聽到埃及，就有一種莫名的熟悉感，終於在我三十歲時，實現夢想踏上埃及的土地，在這本書截稿前也去了六次，每次我都只造訪埃及的金字塔和神殿。

古埃及人沿著尼羅河建造聖殿，他們認爲尼羅河就是銀河，聖殿就像是天上的繁星，乘載著神聖的資訊。對古埃及人來說，宇宙的語言是數學，宇宙的訊息能用神聖幾何學來表現。所以他們建造聖殿，不是單純爲了敬拜衆神，更深層的意義是將宇宙的知識與智慧，以建築物的型態展現給人們看，當人們走進聖殿，就像是走進宇宙奧祕，我們的內在和身體的細胞會不由自主地與建築物共振。

古埃及人一生都爲了進入「更高層次的意識」而準備——爲了「復活重生」。這個過程稱爲「啟蒙旅程」，啟蒙者們沿著尼羅河，進入不同的聖殿學習。每個聖殿有不同的主題，他們會在聖殿中學習與訓練，在通過考驗後，便會進入下一個聖殿學習，最後進入大金字塔參加最終的啟蒙儀式。

而現代我們每個人也都走在各自的「啟蒙旅程」，生活中經歷的大小事，就在幫助我們進入「更高層次的意識」。每一次舊有的想法、信念和習性的剝落，就是我們重生和進入下一個層次的時候，讓我們用更寬廣的角度去看自己與周遭。

這本書是我的第一本書，也是我紀錄自己的「啟蒙旅程」，我的「自我理解與學習愛自己」的過程。在二〇一九年我從埃及回來後，一次靜坐中我得到了靈感，要以埃及神殿爲背景，寫下這幾年在生命歷程中的成長與看見。在撰寫這本書的同時，我也再次經歷人生中的每一個課題，很多時候只是開始打幾個字，我就會想流淚，有時是感動的淚水，有時是悲傷的淚水，但更多時候是感激的淚水，我感謝自己與身邊的人這一路的陪伴，感謝自己願意面對傷痛，去尋找答案，才得以看到所有傷痛背後的愛。

書裡的每一章代表埃及的一個神殿，一個生命主題，一次的重生。本書紀錄我的成長歷程和看待生命的角度，當你閱讀我的文字，請進入自己心的空間，看看它們是不是與你相符。我說的只是我的經驗、我的眞實，而你有你的經驗和你的眞實。不用相信我或聽從我，我只是希望我分享的眞實，可以幫助你喚醒你自己的眞實。

Chapter 1

第一章

阿布辛貝神殿

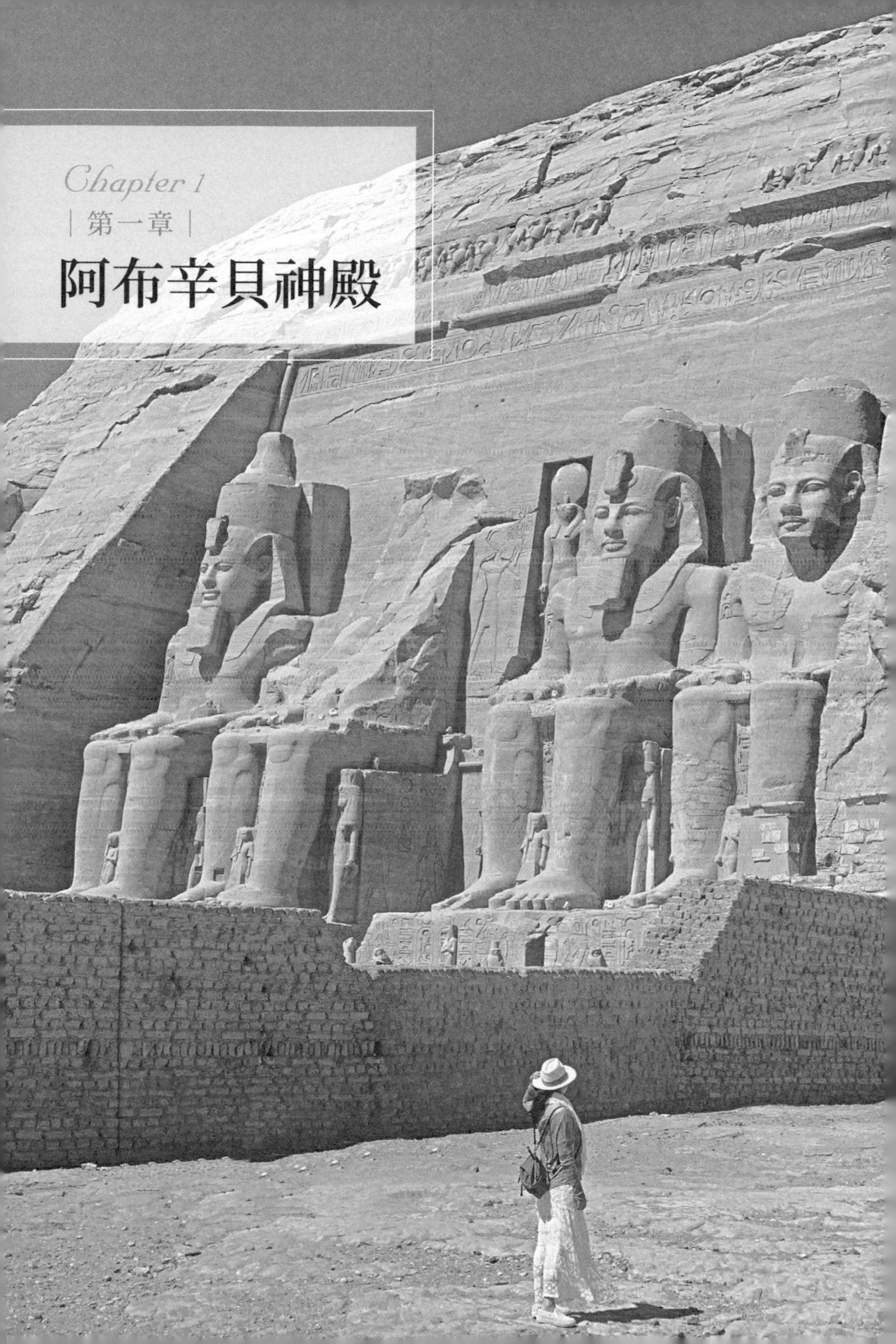

誕生

很久以前，你幾乎都已經忘了，曾經有一段時間，
你在一個安全和寧靜的空間舒服地沉睡。
在那個空間，你什麼都不用做，沒有任何的擔心、煩惱和憂慮，
只需吸收著母親給你的養分，靜靜地睡與存在著。

某天，突然一陣壓力傳來，你感覺到外在模糊吵雜的聲音。
你聽到母親沉重的喘氣與哀叫，你感覺到母親的害怕與痛苦。
你變得呼吸困難，開始掙扎。
一股強大的力量將你向前推。
很大很大的壓力。
「發生了什麼事？」你感到恐懼。
你被推擠著；你對抗著，你抗拒這一切。

強大的力量將你推往一個小小亮光的出口。
你的頭、肩膀、雙手、身體、雙腳都充滿被擠壓的強烈壓力。
「什麼時候才會結束呢？」你是驚恐的。
你搞不清楚發生了什麼事，希望這一切趕快停止。
被擠壓的漫長過程，你爲生存奮鬥。

終於，你出生了，離開了母親。
刺眼的光，冰冷的環境，吵雜模糊的聲音。
強烈的晃動，被撞擊的感覺。
「發生了什麼事？」
你好希望回到過去的寧靜與安穩。
在經歷爲生存掙扎奮鬥後，你又深深地經歷分離的感受。
你被用力拍打，你爲了你的痛苦哭喊著。
「我爲什麼在這裡？」
「我要回到之前充滿安全感的地方。」

「請停止這一切。」

「這是什麼地方？」

你失去安全感；你的內心充滿恐懼。

「我不喜歡這裡，我不喜歡在這個身體裡，我不喜歡這些感受。」

在那一刻，在降生於地球的那一刻，你被植入了恐懼與痛苦的印記；在地球，你是分離的。生命充滿掙扎，你要為生存奮鬥。越困難的出生過程，越覺得生命是充滿痛苦、掙扎和阻礙。分離的恐懼讓你認為你是孤單的，在與母親分開，失去寧靜與安全感的那刻，痛苦的記憶種下了對生命的懷疑。

「發生了什麼事？誰來保護我？會有人照顧我嗎？會有人愛與接受我；支持我；提供我所需的一切？」

你帶著這個印記；帶著分離、掙扎與痛苦的感受，開始你的人生。這就是大部分的人誕生時所擁有的記憶。

在你的潛意識中，生命是困難和充滿阻礙的。你必須要奮鬥和對抗才能生存；

生命是不安全的，總是會有壞事發生。在奮鬥的過程中，內心總是隱隱認爲自己是孤單、不被支持、不被接受，也不被愛，有些人更認爲自己是被遺棄的那個。但其實這都只是在出生那刻被種植的印記，可是這個印記卻成爲內心無法磨滅的感受，使得你不知不覺在往後的人生中，重複創造出類似的劇情。

在人生的旅程中我們可能會成爲生命的勇者，從痛苦中重新認識自己和拿回力量，但也可能變成咬緊牙根，突破生命中的挑戰，卻對人生有很多無奈與悲觀的看法，更有可能處處挫敗，認爲自己有個失敗的人生，默默地討厭自己的一切。

這不是你的錯，這只是你出生時被種植的印記。

所以在進入第一個神殿前，在開始你的啟蒙之旅前，我們要先回到最初，你在地球的最初，再一次經歷「出生」。

與源頭同在，重新誕生

當你邊閱讀這些字，請在腦海中邊想像這些畫面，你會帶著光與意識，重組你的出生。

在卵子與精子結合後，你成爲第一個細胞在子宮中漂浮著。

細胞中帶著你父親血脈的資訊、母親血脈的資訊，

你是你的父親與母親，但同時你也超越父親與母親。

你抬頭看，上方出現了一道亮光，那是神聖的源頭之光，

祂螺旋式地下降朝著你投射過來，注入你，充滿你整個細胞。

你發著光，充滿能量。

神聖的源頭之光將光與生命力帶進細胞之中。

源頭之光進入你後，將你分而爲二。

一個是你，一個是祂。

你們從這裡開始共同創造生命。

你從兩個細胞，繼續分裂到四個、六個、八個……。

你不斷地擴張，你們開始創造身體。

脊椎、腦、神經系統、心臟、肺、肝、各個器官、骨骼、四肢……。

你身體的每一個部位都被注入神聖的源頭之光。

祂也將你過去、現在和未來的所有資訊都注入你的身體，

幫助你完成靈魂這一生的偉大計劃。
所有的答案都在你之中；
你需要的資訊都在你之中；
一切都記錄在你之中。

當你的身體都創造完整，祂跟你說：「時間到了。」你知道出生的時候到了；進入地球的時間到了。就是這一刻，你專屬的時間與空間，宇宙中的太陽、月亮、星星，漸漸對齊成為你的使命，爲你打開門戶，幫助你穿越地球的第一道門。

你的使命推擠著你，幫助你打開生命的道路。你知道在地球的時間與空間中，你會被這股力量推擠著，這股熟悉的力量，會用不同的方式，幫助你在地球解決沒有完成的課題，和創造新的可能性。

這股推擠的力量，會幫助你打開潛能。
這股壓力會幫助你打開生命中的限制。
有時你會害怕、會恐懼，可是你知道這是地球較低頻率的「生存本能」集體記憶。只要你閉上眼，回到最初，記起神聖的源頭之光進入你的那一刻，你的恐懼將在光中消失。

你準備好了，你可以感覺到外面的光照耀在頭頂，這是你與神聖的源頭之光在地球旅程的起點。你被使命向前推擠，推向外在，你奮力地朝著光前進，你穿過地球上的第一道門，母親的門。

你再次出生。

你帶著意識；帶著與神聖的源頭之光共同創造的記憶進入第一個神殿。你在第一個神殿，阿布辛貝神殿重生。

（想聽以上完整冥想，可以至作者官網查詢播放：http://www.graceko.life/rebirth）

內在旅程：憶起你內在的神性

在眾多神殿中，阿布辛貝神殿在我的心中占著一個特別的位置，因爲就是在這裡，我第一次在神殿中感動痛哭。

二〇一三年七月，我第二次造訪埃及。還記得那天半夜三點多起床，一大清早從停靠郵輪的阿斯文出發，乘坐三個多小時的遊覽車到達阿布辛貝神殿，在這段車程上最令我難忘的是埃及的日出。出發時天空還灰暗朦朧，車往前行駛著，天空也漸漸透出亮光，過一會兒天空中出現橘紅的雲霞，一個又圓又大的紅色太陽緩緩升起。

不知道是不是因爲在沙漠中，沒有任何建築物阻礙視線，太陽顯得特別大又特別近。我覺得埃及的太陽特別美，不論是日出或日落，總是令人讚嘆，也難怪古埃及最重要的神祇就是太陽神拉（Ra）。在看到日出，太陽升起的那一刻，我心中充滿感動和崇敬的感受。看著太陽散發出的金色光芒，我想像我的雙眼吸取金色的光到身體中，幫我淨化與清理身體的每一個部位和每一個細胞。這是陽光的洗禮，能在一天開始的時刻與陽光連結是幸福的事。

到達阿布辛貝神殿後，導遊作了簡短的介紹，便讓我們各自在神殿內自由探索。阿布辛貝神殿是尼羅河最南邊的神殿，它非常的雄偉和壯觀，在介紹埃及的書本封面或明信片常常都可以看到它的身影。神殿最特別之處在於它是由一座石頭山由外向內雕刻而成的，神殿的最前方有四個約二十一公尺高，拉姆西斯二世法老的巨大雕像。進入神殿，也有兩排（一排四尊）以拉姆西斯爲原型，高大的歐西里斯神像。

也許因爲是大清早，又是炎熱的夏天，阿布辛貝神殿的遊客並不多，也還好沒有什麼人，所以讓我們有機會在神殿裡面進行短暫的靜心。我們一群人坐在神殿最裡面，右邊的巨大雕像腳下，當時我面對雕像，背對門口靜靜地坐著，聽著老師帶領我們與地球的原生能量連結，進入了很深層的寧靜，有一種在另一個空間休息同時補充能量的感受。靜坐結束，我慢慢地睜開眼睛，有幾秒鐘我忘了我在哪，看著眼前巨大的雕像，才回過神來：「喔！我在神殿中！」。

我做了幾個深呼吸，轉動幾下頭部與肩膀，將自己的注意力拉回來，心情是平靜與放鬆的，帶著一絲的喜悅感。身邊的人一個接著一個站起來，慢慢走出去，我也跟著站起身，在我轉身面對門口的那一刻，我朝門口望去，先印入眼簾的是兩排巨大的雕像，接著陽光照向我，我的雙眼泛起一片白，突然極大的情緒湧向我，我的眼淚不由自主地流下來，這時心中浮現了一句話：「你回來了，你終於回到阿布辛貝神殿了，這是你的約定。」我不斷地啜泣，完全停不下來。五味雜陳的感受衝擊著我：有悲傷；有感動；有明瞭；有無奈。我邊哭邊走向大門，經過兩排巨大的雕像，耳邊傳來：「去吧！孩子，重新踏上你的旅程，這是你新的開始！」

「記得你是誰；記得你的偉大；記得你內在神聖的陽性與陰性能量。」這是阿布辛貝神殿要傳遞出去的訊息。

我轉身望向門口的畫面與感受深深烙印在我心底，阿布辛貝神殿是開啟我的地方，它也是我旅程的起點。

站在神殿巨大的雕像前，你會完全被震攝住。看著它們覺得自己是如此渺小，但同時雕像又在對人們說著：「請記得，你就像我們一樣的偉大。不要忘了你是誰；不要忘了你內在偉大的神性；記得你的神聖。」

內在探索的旅程：尋找與建立內在的價值

「我是誰？」
「我的人生目的是什麼？」
「我該往哪裡去？」
「爲什麼不論我再怎麼努力工作，用心爲別人付出，都得不到同等的對待？」
「爲什麼我不快樂？」
「爲什麼我的人生這麼的痛苦？發生了這麼多糟糕的事？」
「生命的意義是什麼？」

曾經我的內心有無數個問號？無數個爲什麼？很多哭泣、傷心的悲傷夜晚。但也是這些疑問，帶著我走上探尋的道路。我在尋找答案，在尋找快樂和滿足的方法，在尋找回家的道路。這個家是一種安心、平靜、滿足和幸福的感覺，也許這個記憶是來自在母親體內無憂無慮的感受，我只需要靜靜地存在著。

正是在「探尋」中，我受到牽引，一步一步找到了答案。

如果你開始對生命有很多疑問，對自己感到陌生，想了解關於生命、關於自己的種種，恭喜你，你也開始踏上關於你自己的神聖旅程。

認識自己的第一步就是放掉過去以爲的自己，了解內在的自己有一股神聖與偉大的力量。所以當我們站在阿布辛貝神殿前，它就像在提醒著我們記得內在神性的偉大。

每個人來到這個世上，都有他獨特的意義和人生目的。從一出生我們就會經歷不同的事件、成長與學習，得到自己的體驗。有些人在過程中會找到自己的意義和目的，有些人則是渾渾噩噩過了一生。不過如果你現在正在讀這本書，我相信你已經找到你的意義，或是你正在尋找。你相信生命一定不只如此，不是只有就學、拿到文憑、找到一份能養家的工作、結婚、生小孩這麼簡單。假如你今天失去一切，沒有工作；沒有社會地位；沒有感情關係，你是誰？你還能找到存在的意義嗎？你還能擁有同樣的自信嗎？

一想到失去外在的東西，移除所有你所扮演的角色，是一件多麼令人恐慌的事，當我們剝落外在的一切，剩下的還有什麼？

當我們失去了一切，還能輕易地、有力量地重新開始嗎？

這個世界不斷在教導我們要建立外在的一切成就。要有好的文憑、好的工作、好的地位、體貼出色的另一半、有令人羨慕的家庭，才能得到這個世界的尊重與認同。雖然說我們降生在地球就是來創造與體驗豐盛的人事物，但我們的內在世界呢？在得到渴望的人事物；在達到目標後，你的內心是滿足喜悅的嗎？

我們的觀點、價值觀、思緒想法和情緒感受，雖然看不到也摸不到，它們卻眞眞實實存在我們內在，影響著一切。大部分的人都知道如何建立外在的一切，卻不清楚建立外在的一切之前，要先從自己的內在開始，因爲外在的世界只是內在的投射。如果我們沒有專注在保持內在世界的平衡，以及滋養與建設內在世界，在遇到外在的變動、風險、挑戰或危機等，就很容易失去方向、懷疑自己、陷入低潮，再嚴重一點，就會進入人生的黑暗期。

我曾經就是這樣，專注於追求外在的一切，從以爲知道自己是誰，到失去我認爲的角色，我變得懷疑自己，也很沒有自信。

二十六歲時的我，曾在加拿大有一間小小的服裝店。那段時間我都會親自到日本從幾千幾萬件衣服中挑選出上百件。因爲是親手挑選，所以我非常喜愛也相信每一件商品。從挑選、購買到商品攝影和上架，我都是開心地做好每一件事。標價時，每把一個價錢貼到衣服的標籤上，就好像看到一個客人開心地買下它。爲了宣傳服裝、舉辦服裝秀，從規劃到與大家之間的分工合作，以及和模特兒、攝影師、髮型化妝師們之間的互動，每一個環節都是愉快、開心和有成就感的。所有的事對我來說就是去做：做了就會有收穫。我很少有懷疑自我的聲音出現。

二十九歲追隨感情，我結束了服裝店回到台灣。曾有一段時間我覺得自己就像失去了翅膀，無法自由地飛翔，也看不到自己的價值。我的恐懼和擔心變多了，一直不確定我要的是什麼，也在思考自己是不是需要結婚？因爲自己沒有方向，因此將我的寄託壓在當時的伴侶身上，現在想想，對他眞的是一種無形中的沉重壓力，也難怪那時關係有許多摩擦。後來因爲感情的衝突，產生許多痛苦，我爲了要療癒內心的傷痛，了解兩人關係該如何經營，以及探討自己到底發生了什麼事，因此走上內在探索的靈性道路。

從建立外在價值到建立內在價值

其實從年輕的時候，我就知道自己想做助人的工作。當初選擇服裝業，除了因爲喜歡時尚，更享受幫人打扮造型後，看到他們因爲我的改造變得美麗自信。所以後來在接觸心靈成長後，就確定這是我要做的，我能從幫助人改變外在，轉變爲幫助他們改變內在。但在身心靈的工作上，我的金錢觀念一直帶給我很多的衝突。

我對於諮商的價位有很多的不確定感，最剛開始擔心自己不夠好、沒經驗，所以收費不敢定太高，但之後習慣了某個價位，又擔心調漲會失去個案或沒有新的個案。加上做心靈成長的工作，很多時候來找我的人在生活中也有很多現實問題，對於收太高的費用我會有罪惡感，但價位定太低或打折，我心中又會覺得不值得，因爲我能給予的協助遠超過這個價錢。

這對我來說是很大的衝突，以前從事服裝業時，我的定價是中價位。在定價上，我知道我的商品就是値那個價錢；我知道它有很好的品質；我看得到它的價値；我相信它的價値。但要幫自己的服務定價時，我突然懷疑起自己，有很多自我批判的想法。我總是覺得行銷商品比行銷我自己容易得多，每當要行銷自己，就會看到很多自己不足和不夠好的地方。

後來我才了解，我會拿自己不夠好的地方與其他身心靈工作者出色的地方比較。剛開始從事身心靈的工作，因爲自己沒什麼經驗，只要看到其他厲害的身心靈工作者，除了羨慕外還會感到自己的不足。但我卻沒想過，我看到的是，他們磨練了十幾年的經驗與技巧。其實我和他們之間沒什麼好比較的，但我卻讓自己陷入感覺自己不夠好的漩渦中，反而變得沒有自信。

在加拿大的我，曾把自己的價值建立在外在的世界：在服裝店上、服飾商品和他人的讚美上。最讓我有成就感的時候，就是服裝秀結束，大家站在伸展台上謝幕的那一刻，大家的辛苦與付出換來許多的掌聲，那是我最驕傲的一刻。我把我的價值完全地建立在那些事物上面。當我回到台灣後，沒有了支持我的人們；沒有了服裝店；沒有了商品；沒有了伸展台；沒有了掌聲；沒有了朋友，甚至連感情也觸礁，我……是……誰？

我突然看不見自己，覺得自己很失敗。

也就是因爲我將自己的價值建立在外在的一切，那股從出生就推動我的使命，擠壓著我，讓我明白誕生的時間到了。這股壓力粉碎了我所以爲的一切，讓我無法再像以前一樣輕鬆地建立外在世界的成就，直到我認清要先建立與滋養自己的內在世界。因爲內在才是根基，當地基（內在世界）已經岌岌可危，不論延伸出去的建築物（外在世界）蓋的多壯觀、漂亮或美觀，當地震來時，很容易就傾覆了。我曾經蓋了一棟美麗的房子，但卻沒有穩固的地基，所以在生活變動時，一切也都跟著覆滅。

現在回過頭，我才清楚地知道生命要送給我的禮物是什麼：

「我們的自我價值不是建立在外在的世界，我們不需要向世界證明什麼，我們本身就是有價值的。出生在地球、存在在這裡，就是最有價值的事。」

內在價值的眞諦：無論好壞，接納自己與發生的一切

每個人來到地球都帶著獨特的天賦和禮物，有各自的靈魂渴望，以及想在世界上展現的樣子、傳達的訊息。在我們接納我們以爲的缺點和不完美後，就能看到背後的禮物，知道這是將它們在這個世界轉化和蛻變成力量的機會，成爲一段寶貴的經驗，可以與有相同困境的人分享。所以存在我們身上的一切，不論是我們的優點、長處、天賦或我們的缺點、不完美和陰影面，都有其存在的價值和意義，只是看我們怎麼去看待自己內在的每一個部分，如何去運用、轉化和展現。

當我們能眞正了解：自己存在就是一件有價值的事，才能有眞正的安全感，以

這爲基礎所創造與建立的東西，才會是扎實的，而不是虛幻或虛華的。

我們都希望有更好的生活、成爲更好的自己，所以在成長或生命擴展時，會經歷失去、解構或毀滅舊有事物的過程，這些事物可能是工作、金錢、關係、健康等。在經歷的過程中會很痛苦，我們會不懂爲什麼上天要這樣對待自己？爲什麼這麼不公平？奪走我們珍惜和重視的；讓我們失去一切；讓我們開始懷疑自己的能力，覺得自己有個失敗的人生。但其實那不過是上天回應了我們的祈求：「希望有更好的生活或成爲更好的自己」。

那些不再適合我們、對我們不再有幫助的想法、信念和習慣，必須藉著某些事件帶給我們的衝擊，才能讓我們醒過來，願意去面對、處理和轉化。

如果你正在經驗失去某些人事物的過程，請你堅持住，並保持信心，知道這是上天對你的愛。祂知道藉由擊碎這些你過去所建立的虛假價值，你才能看到眞實的自己，知道安全感就在你的心中，而不是來自於外在的一切。讓知道自己眞正價值的你，從內在眞實的自己出發，去創造與建立內心眞正渴望的世界。

換一個觀點看待自己，改寫生命故事

你的故事是充滿力量的，只是你常用懷疑、矛盾和掙扎的角度在闡釋你的一生。你一直站在我不夠好、不值得、不被愛的視角在觀看和經驗你的生活。

是的，這是我們被教導的。大部分的人從小就被教導我們不夠好；不值得美好的事物；是沒有力量的，甚至有些人連出生都被視爲一個錯誤。但那都不是眞的，那是你的父母、師長、朋友、周遭的人跟你說的，不是你內心眞實的聲音。負面情緒的產生就是因爲你選擇相信外在的言語和腦中的批判，而不是內心的聲音。你腦中出現的想法，也不是你的，它只是在重複播放他人的言語而已。你選擇相信那些話；選擇相信頭腦的故事；選擇用自己沒有力量的角度看事情，陷在自己的框架中，而不是跟從內心的指引，所以才會感到不快樂，才會浮現許多負面感受。

你可以改變一切，你可以決定用什麼觀點看待生命中的失落、解構與毀滅。那是與「舊」的你道別說再見；那是新的開始與重建。也許過程艱難，但越抗拒所發生的事，會感到越痛苦，越難重新開始。你的觀點與視角會決定你的感受，影響你的力量。

換一個視角來闡述你的故事吧！選擇用另一個視角——不如選擇「我夠好、我值得和我是愛」吧！選擇「生活中所發生的每一件事，都是爲了我的成長與擴展而發生的」，就像出生時的那股壓力，它推擠我們，幫助我們成爲更有力量與智慧的自己，完成這一生的靈魂任務。

發生好的事，代表自己正處在神聖之流中；發生不好的事，代表這是突破限制的時機，是一個釋放不再適合自己的思想與習性的機會，重回神聖之流中，再與祂共同創造渴望的事物。

你是自己生命故事的創作者，你的生命是你與神聖源頭共同創造的。就像生命的最初，祂與你一起共同創造了你——最神奇的生命！當你重新詮釋你的故事，不再認爲你有一個痛苦的人生，不再將「苦難」當作你的榮譽徽章，而是將每件事視爲推動你的助力與禮物，你就改寫了你的過去，也改變了你的未來。

這樣一來，你的生命故事會有什麼不同？你會有什麼不同？

如果你擔心，自認爲自己是具足、是夠好的和有價值的，因此被他人批評自我感覺良好、自以爲是或自大。就讓他們批評吧，只有你才知道眞相是什麼，在通往內心的旅途上，神聖源頭會給予你需要的引導，你們共同創造。你每往前一步，祂便會緊跟在你身後提供你每一步所需。你走偏了，祂會推引你重新回到心的道路；祂會運用不同的方法讓你看見，幫助你移除不再適合你的一切。所以他人無法評斷你，不要迷失在他人的言論中。

只要你願意選擇另一個視角：「我夠好、我值得、我是愛」來體驗人生，了解你的人生是最初你與神聖源頭共同創造的，你便會進入嶄新的世界。

向內看，尋找的一切都已在心中

阿布辛貝神殿前四尊巨大的雕像穩穩地坐著，神殿內的八尊雕像頂天立地站著，他們告訴著每一個來到面前的人；提醒著他們：「請像我們一樣穩穩地站著，明白你內在的神性就像我們一樣，是偉大的存在。而你的價值、你的安全感就在這裡。」

進入神殿，就是進入你神聖的心殿。向內看，你一直在尋找的答案就在你的心中。你生命中遇到的所有人事物，不論好或壞，都是不同的契機，打開一道道通往心的門。你要的答案，從來就不在外在。你要的依靠、滿足、支持和力量，所有你要的，和尋找的一切，都是從內心開始的。

通往內心的途徑之一，是你在挫折、迷惘和痛苦時，願意去面對；願意堅持相信這是你靈魂偉大計劃的一部分。從這些生命的衝擊中，幫助你擊碎不再適合你的故事，回到誕生的最初；相信自己；看到自己的價值；知道自己是值得的，以及知道一切都可能發生。

唯有知道你是誰；找到內心的穩定和安全感，你才能在動盪不安的外在環境中，仍舊感到穩定與安全。穩穩地站在這，靜靜地看著一切，你在偉大的神性之中；你的力量在這裡，在你的心裡。

內在的神聖陰陽能量

阿布辛貝神殿還有一個特別之處是旁邊有拉姆西斯二世以他的愛妻奈芙爾塔里爲原型的女神哈陶爾神殿，象徵著神聖陽性力量與神聖陰性力量的結合，他們同時在此存在著。

阿布辛貝神殿完全展現了陽性的力量，它象徵關於「我」的界限與表現。「我」如何在這個世界展現我自己；「我」如何掌控內在源源不絕的能量，專注並帶著勇氣和行動力在物質世界中打造偉大的展現，以及「我」在世界上留下的「功績」。奈芙爾塔里神殿展現了陰性力量的美與細膩，象徵流動與接納和超越「自我」的界限，它只是存在著，沒有特別的方向與目標。

在旅程的開始，除了記起內在偉大的神性，我們也要認出內在共存的陽性與陰性能量。不論我們身爲男人或女人，我們內在都存在著陽性與陰性能量。當這兩股能量是平衡的，它們會互相共舞，成爲神聖和諧，創造的能量會自然地流動，展現出最高形式的創造力。但現在大部分的人兩性能量是失衡的，大多是一方壓抑其中一方，更有可能因爲過去的傷痛完全截斷其中一方的能量。

接納父母並與內在父母連結

要平衡內在的陽性與陰性能量，我們要先認識孕育出我們身體與養育我們的父母。

很多人與父母的關係充滿了矛盾與掙扎，一方面希望得到他們的認同與肯定，一方面又無法接受他們的控制與無形中造成的傷害，想逃離他們。有一個說法是我們很多的傷痛是來自原生家庭，因爲父母對我們的教養和相處方式造成內心的傷痛。也許因爲如此，在面對父母時，我們時常表現出不滿、批判和責怪的態度，認爲：「都是他們害我變得如此。」我們能不能試著站在父母的角度，懷著理解的心？

父母深深影響我們內在的陽性與陰性能量，你越想要切割與父母的關係，越想逃避或不去想，就等於你在切割與逃避自己的某一部分。你的親生父親與母親的基因存在你身上；養育你的人的能量也存在你身上，所以你所有對他們的責怪、不滿與批評，都是間接在責怪自己。

每個來到地球的小孩都應該要有一個充滿愛、安全和被保護的空間，但並不是每個小孩都是如此。就算生在一個再完整與有愛的家庭中，也還是會經驗不被愛、不被認同和沒有安全感的時刻。

父母也是人，他們不是天生就知道怎麼當父母。他們是在我們出生，或是我們的哥哥、姊姊出生後才開始成爲父母。他們有自己的個性、情緒、壓力和過去的傷痛，所以在與我們互動時會讓我們感到失望、被拒絕和冷漠。也因爲這樣，讓我們在幼小時種下了「自己不夠好、不值得被愛或需要不斷地表現自己才值得被愛」等感受。

每一個父母或養育者都以他們當時的出生背景、生命經驗、心智或情緒的成熟度、所了解的和能做的，盡心盡力去做。也許他們造成我們某些傷痛的經歷，但那時他們的意識與行爲就是在那個層次，他們做不出更好的選擇和行動，而且不論他們對我們的傷害是什麼，他們的內心也是相當痛苦或充滿恐懼的。一個有意識和充滿愛的人，很難做出傷害人的行爲，就算不小心傷害了，也會懂得道歉。對父母的抱怨與責怪，只會增加我們內心的衝突與拉扯。

在年幼時經歷所有負面感受的事件時，一定很希望有人能保護和安慰我們。有像父親強壯的形象，爲我們挺身而出，保護和教導我們如何爲自己畫界線；爲自己出聲，並能明確表示自己要和不要什麼，勇敢地表達與展現自己，在這個世界上創造。

希望有像母親溫柔的形象，給予自己無條件的愛；安撫我們的情緒；接納我們所有面貌；支持和滋養我們。我們一定最希望自己的父母就是那個角色，是那個可以讓我們信任；保護我們；給予我們無條件的愛、支持和尊重的人。但大部分的父母自己內在也有很多未處理的傷痛，所以呈現出來的也是受傷與失衡的陰陽能量。

再棒的父母也不可能是完美的父母，他們不可能給我們完全的專注，也不能滿足我們所有需求。如果我們一直在尋找這份「完美」的愛，只會期待落空，有很多的失望。但現在的我們可以成爲自己的父母，做那個我們一直希望擁有的父母，給予自己百分百的專注；給予自己無條件的愛、安慰和支持。

就算現在自己已經長大成人了，可以理解當初父母的行爲了，但內在還是有一個受傷年幼的自己，在那裡等待救贖。如果這些覺得自己不被愛、不夠好、不被認同等傷痛沒有療癒，它將不斷地在我們的生命中重現，尤其在關係中。我們不只會重複體驗這些不被愛的感受，也會同時體驗沒有被拯救和了解的失望感。

我們的潛意識中，隱隱認爲父母應該要拯救我們、要無條件愛與接受我們，滿足我們的需求。但這是不切實際的，因爲只有我們自己可以成爲那樣的父母；只有我們可以無條件地愛與關注自己；可以依靠自己、接受、理解和認同自己。認知到這一點以後，療癒的旅程就開始了。

我們就是自己的父母，父母的基因和能量存在我們身上，這是我們無法切除的。他們帶給我們生命、養育我們，就算我們可能認爲他們帶來很多傷痛，但他們盡了當時所能，也無法給予更多了。我們對他們的抗拒會阻礙傷痛蛻變爲力量，當我們可以理解與接受他們，知道他們就在自己之內；當我們一一面對共同創造的傷痛；當我們釋放與轉化，將幫助父母和自己提升。因爲我們的父母就是自己，他們在我們之內。

阿布辛貝的兩個神殿，提醒著我們在旅程的開始，讓我們記得自己的本源；感謝與崇敬本源。我們的父母存在我們身上，不論他們滋養了我們或是爲我們帶來了挑戰，都是幫助我們看到生命中的力量。不論我們過去發生了什麼事，未來將遭遇什麼事，在經歷痛苦的事件與情緒時，記得我們不是孤單的、不是一個人。在我們的心中，有一個強壯、堅強、保護著自己的父親，以及一個溫柔、接受和理解的母親陪伴著我們、看顧著我們，指引我們度過生命中的喜怒哀樂。

記得自己的偉大，也記得自己內在兩股共舞的陽性與陰性能量，從這裡開始創造我們的生活！

Chapter 2

|第二章|

愛希斯神殿

生命目的：體驗「愛」

「愛」，我深深地覺得我們就是爲了它而來，爲了認識、學習和了解它而來。我們成爲各種角色：兒女、兄弟姊妹、父母、伴侶、朋友等，去經驗和體會什麼是愛；去付出與接受愛，在這個過程我們經歷了喜怒哀樂和悲歡離合，最後得到自己的生命體驗，離開這個世界。

愛可以讓人感到無比興奮喜悅，也可以讓人跌入痛苦的深淵。有些人也因爲愛帶來痛苦，害怕再次受到傷害，而關上心門，不敢再愛。

但這些眞的是愛嗎？

曾經在母親的子宮中，有那麼一段時間，寧靜、完整、滿足，我們體驗過全然的愛，但在離開母體，撕裂般分離的痛在我們的細胞中烙下印記，可是我們還是隱約記得在子宮中完整與滿足的感受。我們帶著拉扯的感受，踏上了尋找愛的旅程，尋找那合一和完整的感受。

「我記得那種完整、滿足、隨時被供應所需的感受，這一路上我一直在尋找這種感受，用各式各樣的方法一次次重新創造那種感受。」

但一方面分離痛苦的印記也在影響著自己：「滿足的感受是會消失的、這些感受都不對、我必須要繼續尋找。」

一方面渴望全然的愛，一方面又害怕失去或覺得自己不值得，我們就在這樣的拉扯中尋尋覓覓。在父母身上尋找；在伴侶中尋找；在孩子身上尋找；在工作中尋找；在金錢中尋找；在物質中尋找；在玩樂中尋找；在宗教中尋找……，但就是忘了先在自己身上尋找。

好想回到子宮中感受合一；好想再次感受全然的愛。

愛，帶著我們來到菲萊島神殿。神聖之愛，是菲萊島神殿傳達的訊息。

菲萊島神殿也就是愛希斯女神的神殿。愛希斯女神是埃及最重要的女神，她與陰間之神奧賽里斯是夫妻，傳說中她在此島產下他們的兒子，天空之神荷魯斯。在埃及神話中奧賽里斯的兄弟黑暗之神塞特，因妒忌他的輝煌成就而殺害他，將他分屍丟在埃及各個地方，但最後還是被愛希斯找回身體各個部位，施展魔法，成功幫助他復活。所以這個神殿也象徵神聖的愛可以將我們分裂的思想或遺失的靈魂碎片合一，再次成爲一體。也只有在神聖的愛中，我們才可以重新連結。

前幾次我到菲萊島神殿都是在一般的觀光時段，所以只是聽聽神殿的觀光解說，以及欣賞神殿中的壁畫，並沒有什麼深刻的體驗，只覺得那裡充滿陰性能量，是一個很溫柔與舒服的地方。在二〇一八年六月，我第四次造訪菲萊島神殿，那次爲我身心靈未來的方向帶來了一個全新的指引。

那一次與前三次不同的是，我們有機會在一般開放的時間之前，進到神殿內靜坐。我們在清晨一大早，天色還昏暗時就進入神殿最裡面正中央的房間靜坐。在靜坐的過程，我感受到愛，感受到愛希斯女神正在慢慢地安慰與撫平我過去情感中未被療癒的傷痛，在過程中我都一直處於寧靜與開闊的狀態中，內心有很深的滿足感。

當靜坐結束，我站起來轉身向外走去，在阿布辛貝神殿震撼的感受，再一次浮現，突然一股情緒湧向我，我開始不由自主地啜泣，淚水中帶著感動、悲傷、坦然和被理解，這時心中出現了一個字：「愛」。在還沒更深入瞭解「愛」這個字的延伸訊息，我和另外三個夥伴被老師帶領到旁邊的房間繼續靜心，傳遞訊息能量。在過程中，我收到內心指引要開始了解陰性能量，在不了解自己時，開放與接納陰性能量的，很容易因爲沒有界限或以爲愛是犧牲而被脅迫與打壓，所以我要去了解陰性的力量，讓女神的力量在地球開展與扎根。

當時的我其實搞不太清楚是什麼意思，但我知道認識陰性能量要從認識愛開始。那一次的經驗讓我從追求靈性成長和開發直覺的道路轉爲專注在愛自己的學習上。

如果你在尋找愛；如果你想了解愛；如果你想再次感受全然的愛，讓我們一起進入菲萊島神廟，愛希斯女神的子宮。

愛是什麼？

在不了解愛之前，我們很容易用自己的角度，用自以爲是愛的方式去付出與要求。這種以頭腦控制與算計下的情感，只會讓人感到空虛，覺得自己與他人是分離的。在獨自一人或與他人相處時，會有種沒有人能了解我、對方達不到我的標準，或沒有人眞的愛我的孤單寂寞感。

不懂得愛，也就看不到或感受不到他人的愛。就算對方付出再多，只要不懂愛，尤其不懂愛自己，我們內心就會有一個永遠都塡不滿的黑洞。別人對我們再好、承諾再多，內心隱約還是會懷疑，或不信任自己是否眞的值得愛與被愛。這種懷疑和不信任的想法會讓我們一直遇到令人傷痛的事，直到我們看到愛眞實的面貌。

如果要認識愛，關係就是最好的學習場域。關係就像一面鏡子，會反射出被我們埋藏在心底深處的黑暗與傷痛。所有我們逃避的、不被我們接受的，都會在關係中如實呈現。我也是如此。我開始踏上認識自己的旅程，也是因爲在親密關係中受到衝擊，想尋找答案；想療癒自己；想知道我到底發生了什麼事？

我出生在台灣的一個小康家庭，十三歲隨著家人移民到加拿大。說眞的，我的成長過程平順，從小被呵護，人生中沒有什麼戲劇化的情節。年少時幾段情感關係中，我都被關心與照顧著，對方常常會做一些浪漫或體貼的事，在我不開心或生氣時都會哄我開心，讓我有被愛的感受。但也因爲這樣，使我認爲我的快樂與否建築在對方是否溫柔、體貼和照顧我。當我生氣時，我希望對方哄我開心；心情不好時，我希望對方陪伴，甚至只要認爲對方不夠關注我，就會覺得自己不受重視，因此而不快樂。對方變成我的愛與幸福的來源，我的情感完全寄託在對方身上，內心也產生一個不切實際的標準：一個好的伴侶就是要溫柔、體貼和能完全照顧我情緒上的需求。

第一次在感情關係有深刻痛苦的感受是在十九歲那年。因爲感情的打擊，不了解爲什麼會這樣……我記得很清楚，那時我剛好回台灣過暑假，在客廳裡我哭著對我母親說：「我覺得我很難過、很痛苦，怎麼辦？」那時經由母親介紹，去上了潛能激發課，上完課後，心情的確好多了，但對於自己內心的理解還是處在懵懂的階段，也沒有想要探討的意願。或者應該說，我不知道什麼是認識自己的內在，只覺得在課程中好像情緒發洩完了，我就沒事了。

在接下來幾年的關係中，我受過傷害，也傷害過別人，但這還是沒讓我想要去探討到底發生了什麼事？去了解什麼事在我的關係中一直重複發生？爲什麼在關係中我會沒有安全感？爲什麼我跟伴侶會有衝突？

直到二十九歲那年跟著當時的男朋友一起回到台灣，陌生的外在環境；身邊沒有什麼朋友，加上兩人相處的種種不適應，我和他之間爭吵不斷，才讓我開始想要了解到底發生了什麼事？爲什麼在關係中我這麼的不開心？有什麼方法可以幫助兩個人相處？我要怎麼樣才可以不要那麼傷心難過？

在那段關係中，他沒辦法支持和照顧我的情感，不像之前男朋友那樣浪漫或關心我，也無法給予我想要的愛。看著別人的男朋友如何溫柔如何體貼，我常常疑惑爲什麼自已遇到這麼冷漠的人。我的抱怨、不理解和不滿足常讓感情有許多衝突。我非常不快樂，內心痛苦，但也因爲這樣，我才想去瞭解到底發生了什麼事？怎麼做才能讓我們相處融洽，讓我們的關係成爲我想要的「美好關係」。

關係——反映我們內在狀態的鏡子

當生命出現了問題和掙扎，人就會想要尋求答案，我也是如此。為了療癒這段關係，我開始上一些心靈成長的課程。我體驗到，我們的世界分爲外在與內在世界，外在世界也就是我們周遭的一切：我們看到、聽到、聞到、嚐到、觸碰到和感受到的。另一個就是我們的內在世界，也就是在我們之內所發生的一切，我們的想法、信念、情緒和感受。而外在世界是內在世界的延伸與反射，我們在外在所經驗到的，與我們內在世界有關。所有內在發生的、內在狀態，都會影響到外在的經驗。

認識自己最好的方式，就是從他人身上看到自己。從他人在我們面前呈現的樣子，和我們在關係中經歷的感受去認識自己，看到自己身上不被接受或可以突破限制的地方。

關係就像是鏡子一樣，對方會反映出我們身上的一切。越親密的人，就像越清楚的鏡子。我們在他人身上看到的缺點，其實我們身上也有，那是不被我們接受的部分。同樣地，我們在他人身上看到的優點和喜歡的地方，很有可能是我們還沒發展，或是很有潛力的面向。所以如果想要更認識自己；想知道自己的潛能和不被接受的陰暗面，只要看看你喜歡的優點和無法接受的缺點，你就可以知道從哪裡開始學習與改變。

我們可以在各種關係中學習與成長，但我在親密關係中成長的最多，在其中看到自己的最多面向。

每個人在童年都有失望、不被接受、不被愛等傷痛，再棒的父母還是無法給我們最適合和百分百的教導和保護，所以在我們的潛意識中藏著很多被拒絕和不被愛的記憶。一旦我們在年幼時體驗到這些感受，它就會被我們記錄下來，重複播放。在未來的關係中，我們因此重複經歷這些情緒和感受，直到我們看到、了解和釋放它。

越親密的關係，也會將這些顯示得越清楚。所以親密關係中經常隱藏著我們過去埋藏的複雜情感、恐懼、牽扯和執著，我們生命中過往的傷痛都會在親密關係中顯現出來。

在兩人熱戀時，眼中盡是對方的美好，每天濃情蜜意，對彼此有無限的愛與包容。但隨著時間拉長，兩人的認識加深，看到的缺點似乎越來越多，彼此說話變得更直接，雙方的抱怨爭執也變多了……這個時候，有些伴侶選擇結束關係，有些伴侶選擇走下去。但在這個過程中，兩顆心的距離會越來越遠，很多人沒有發現，關係的距離不完全只是對方的行爲所造成的。因爲我們都帶著自己過去的傷痛與對方交流，所以兩人其實都沒有看見眞實的彼此。

上完身心靈課程後，雖然在關係中我已經開始學會觀察自己的想法、情緒和在關係中的互動，但當對方做了一些我不喜歡的事，或我認爲應該要改進的事情，我還是很容易會陷入指責對方，或希望對方能按自己的要求改變的狀態中。

直到某次在一個平凡的倒垃圾事件，我看到自己以往沒觀察到的。

那天，我請當時的伴侶倒垃圾，也許對方當下因爲一些事在心煩，所以他口氣很不好地回應我：「你自己去倒」。當下我憤怒的情緒微微升起，以往的我，雖然會單純觀察自己第一時間的想法和情緒，之後再釋放它們，但內心還是會覺得：「他不應該這樣對我，怎麼可以對我這麼不尊重……」。就像很多時候，我們會認爲別人不應該對我們講話不客氣；不應該欺騙、控制或欺壓我們，爲他們的行爲冒犯自己而感到生氣。

咦？那麼，我的意思是我們就要心平氣和，任由他人不尊重、欺騙、控制、欺壓我們嗎？不，我不是這個意思。其實別人有意或無意的行爲，引發我們的內在思想、情緒反應有深層的意義，不能單純以表面看起來的情況去解釋，認爲自己只是單純被對方冒犯。

那一天靈光一閃的理解，讓我有種糾纏的線被解開、被釋放的自由感。當伴侶以不好的口氣回應我時，我產生了「不被尊重和不被愛」的感受，但我突然理解，這其實與他無關，而是與我過去「不被尊重和不被愛」的感受有關。過去記憶中的感受在我頭腦中重複播放，我當下其實是與自己過往的傷痛互動。當然，有時候對方也可能因爲他的某個傷痛的記憶重複播放，而出現負面的情緒，但通常我們都會覺得是對方在針對自己，因爲對方表現出不尊重、不愛我、不在乎我的行爲，而讓互動演變成吵架爭執。

對方的言行舉止，看似是衝著我們來，但其實如果我們過去沒有這些傷痛，或者自己已經理解和療癒過往的傷痛，我們不會被對方挑起負面情緒反應。我們會看到對方「不好的回應」，是因爲他可能因爲其他的事件，處在不好的狀態中。但若我們過去有類似的傷痛，就會對此產生負面情緒反應；產生受害的感受；認爲對方「不應該這樣對我」，除了自己讓自己成爲對方行爲下的被害者，也引發吵架衝突的開端。

檢視關係中的自己：跳脫受害者劇本

那我們該怎麼做呢？對方的言行舉止如果讓我們的內心升起了負面的想法和感受，我們就要明白，這是被我們隱藏的傷痛和不被自己接受的部分。過去一定發生了什麼事情，與這個行爲或言語有關，讓我們感到痛苦，留下了傷痛，所以會排斥這個行爲或言語。我們的責任就是運用這個機會，幫助自己提升與改變。

先對自己說：「我願意爲我的生命負責；我願意看見；我願意改變」。我們的願意，會釋放抗拒。那是一種願意爲自己成長負責的承諾。再感謝對方成爲我們的明鏡，讓我們看到需要改變的地方。當我們能感謝對方，我們會擁抱更廣闊的視野，不再停留於指責和批判，而能從對方身上看到他帶來的指引與意義。

從他的身上，我看到自己有些什麼？我的過去發生了什麼事？如果暫時想不起來，也沒有關係。但只要自己願意開始去看見自己發生什麼事，我們也會越來越容易找到答案。了解過去發生了什麼事，可以安撫有很多恐懼與疑問的頭腦，讓它暫時從理解中得到安全感。因為當我們知道一件事的答案，就會有滿足與安全感。

事件會幫助人看見，人還是要藉由人事物的出現，並成為鏡子才能看見與療癒。只是不要沉迷於角色與事件中；不要執著在尋找過去發生了什麼事；別人對你做了什麼導致你現在有這些感受，或認為一定就是因為這樣才會導致某些況。我們的頭腦有很多的疑問，需要靠不斷解答來得到滿足與安全感，但這個安全感只是暫時的，因為我們的頭腦很快就會延伸出另一個問題，它是沒有止盡的。

有時我們的頭腦也會為了得到答案而去拼湊故事，但這只是頭腦的特性，並沒有所謂的對或錯，只是我們要知道頭腦有這種現象，所以不用太執著或太確信自己的答案就是這樣。尋找過去只是要找到一把鑰匙，幫助我們打開療癒的門。

或許類似的事已經發生了太多次了、數不清了。但它只是類似的劇本重複上演：不一樣的時空、不一樣的角色，但故事情節都大同小異。這個記憶有可能久遠到很難回想起，所以如果想不起來，也沒關係。因為得到「發生了什麼事，我為什麼會這樣」的答案對我們有幫助，但不是最重要的。而且，在探尋過去發生了什麼事時，頭腦很有可能會編故事、誇大當時發生的事，來加深「那種感受」，讓它變得更有說服力。因為頭腦會一直告訴你：「因為發生了什麼事、誰對你做了什麼，所以你才會有這樣的感受」，有時候反而會不知不覺讓自己又陷入受害者的角色。

某一次，我突然沒來由的覺得不快樂。我突然覺得：「我在這段感情中不快樂」。我先有不快樂的感受，再來我的頭腦開始搜尋我在關係中不快樂的原因：「噢，對，因為他做了這件事和那件事讓我感到失望。」、「噢，因為他的個性是這樣……」我越想越不開心。然後我驚覺：「我在做什麼？」我在尋找我不快樂的證據；我在一一列下為什麼我不快樂，越列舉只是讓我覺得越不快樂與越無助。但這是真的嗎？真的是他讓我不快樂嗎？

我看到，這不是我第一次在關係中感到不快樂。我上一段關係也有不快樂的時候，我的每一段感情都有不快樂的時候，這個「不快樂」的感受一直跟著我，但它似乎跟我的交往對象沒有關係。雖然表面上看起來是對方做了一些事，導致我的不快樂，但更多的是我們彼此都在用自己的恐懼和傷痛與對方互動，才會以負面的言行或不友善對待彼此。

不快樂的感受早已存在我的心裡，也許從嬰兒時期，或是更久以前，這種空虛的感受，早就在我心裡了。後來關係中的不愉快事件只是被這個感受引發出來。我明白這點後，笑了也放鬆了，我的不快樂跟對方沒有關係。雖然看起來好像是因爲他做了一些事，但我的不快樂早已存在我心中，如果它不存在，無論對方做什麼事，我也不會有不快樂的感受。如果內在沒有過往的不快樂，我會知道他的負面行爲不是針對我，那只是他內心恐懼的展現，而我能做的就只有愛他。關係中發生的事件會幫助我們再次感受身上的情緒印記。也有可能是爲了要讓我們看到自己身上的情緒印記，才會引發這些事件。

看見情緒：重新接納被壓抑的感受

從小我們就被教導有負面情緒是不好的，所以我們無法好好與自己的感受連結。悲傷、生氣、憤怒等都是不被接受的，當小朋友哭或生氣時，父母都會趕快安慰或阻止，而不是引導與理解，給予空間讓我們釋放情緒，提供被支持的感覺。

父母無法給我們適當的指引，是因爲他們也不懂得處理自己的負面情緒，我們受到他們與周遭環境的影響，也開始學會不接受自己的負面情緒，不願意感受內心感覺而變得壓抑。但我們的壓抑與逃避並不會讓這些情緒感受消失，只會形成情緒印記，在未來不斷重演類似的事件，讓我們一直去體驗這些感受，直到我們願意看見這些感受。

那麼，你看見了嗎？你看到了「過去我發生這些事，所以成爲這個樣子，而有這樣的感受」，你的頭腦理解了，但你的心理解了嗎？你知道發生了什麼事，可是你是否將自己置於受害者的角度？你還是覺得是別人對你做了不好的事？你能站在對方的角度，理解他爲什麼會這樣？你能看到他的恐懼，感受到他的痛苦嗎？

如果只是頭腦理解發生了什麼事，但你內心還是對他人有抗拒，也就是想到他，還是覺得他不應該那樣對你；你對他還是有不滿、批判、責怪，類似的事件還是會重複發生，因爲你的心還沒有從這樣的感受和事件中解脫。所以在與人相處互動中，只要有負面情緒的升起，都是一個讓我們發掘自己的好機會；都是一個讓我們更認識自己的好機會，讓我們看到還沒被我們愛與接受的部分。只有重新看見，我們才會感到自由。

在發現有負面情緒時，下列五個步驟可以幫助我們更了解自己的情緒：

一、對自己說：「我願意看見，我感謝對方給我這個機會幫助我成長。」我們的允許會幫助我們釋放抗拒的心，更容易看清眞相。

二、問自己：「我現在有什麼感受？」可能是憤怒、傷心、沮喪、不安、緊張、焦慮等。也可以感覺看看身體有沒有哪個地方比較緊繃或沉重。

三、對自己說：「我愛你，我願意去感受這個情緒或感覺，我接受我此刻的狀態。我沒有要改變，我只是想認識它；想知道這個情緒或感覺。」對自己說我愛你，同時感受這個情緒或感覺，不帶評論，只是單純地感受。如果可以，盡量不要有什麼想法，不要去想是因爲發生了什麼事。這個步驟只是要單純的感受、愛它與接受它，與它同在。

四、告訴自己：「這是我內在的記憶重複播放。我爲什麼有這樣的感受？之前曾經發生了什麼事？或我有聯想到過去發生什麼類似的事讓我有相同的感受？以前有誰也是這樣對待我？」

五、再次對自己說：「我愛你」；對過去受傷害的內在小男孩和小女孩說：「我愛你」。問自己：「我可以站在對方的角度看事情嗎？我看到了什麼？」

這五個步驟，可以幫助我們看見被我們壓抑，或我們逃避的負面情緒與感受，了解這些感受與情緒背後的原因與帶給我們的訊息。關係是我們清楚的明鏡，只要是在互動中所引發的情緒，我們都要知道，這不是對方的問題，而是我們內在的相似記憶在重複播放。被我們壓抑的情緒需要瞭解和釋放，這是爲了讓我們知道，我們還要更愛自己哪個部分。

忠誠

遭受背叛≠我是受害者

那是一個寒冷的冬天晚上，我的心與天氣一樣的冰冷。我站在廁所的鏡子前，看進自己的雙眼，對著鏡中的自己說：「Grace你要堅強，不准哭，這件事沒什麼。你要勇敢，不能因爲這件事受到影響；不能讓這件事毀了你的生活，你要讓你的生活如常，繼續……」

這個畫面深深地印在我的腦海中，現在的我無法相信當時自己怎麼可以這麼故作堅強到忍住淚水。或是說，我從那時開始就懂得逃避內心的痛苦、不去感受它，以爲這是一種堅強與勇敢。我不讓那時的自己哭；不讓她崩潰；不讓她顯示脆弱的一面。

在親密關係中，很多人會擔心害怕伴侶劈腿。劈腿對很多人來說是很深的傷痛，你的親密愛人欺騙你、背叛你，甚至爲了別人拋棄你。除了背叛的傷痛，又要面對自我批判：對方有什麼是我沒有的？我是不是不夠好？我有哪點比不上他？如果我再溫柔一點、再關心他一點、再對他好一點、再注重打扮一點、再瘦一點、再胖一點……他是不是就不會劈腿了？

「背叛」再加上認爲「自己不夠好」的想法，會讓人有很深的痛苦，並將這個事件視爲「負面事件」，也將自己詮釋爲「受害者」。頭腦藉著傷痛幫你編出一個讓你痛苦不已的故事。

而另一種情況就像當時的我。當時我不想感受到「背叛」的痛；不想去了解兩人關係到底怎麼了，直接將對方定了「劈腿」的罪名，並要求自己要以「堅強」與「勇敢」當作逃避一切的理由。我假裝堅強，不去面對內心的痛與脆弱，並深深陷入從自己傷痛編出的受害者故事中。

很多時候讓我們痛苦的不是事件本身，而是看待事情的角度，也就是我們對事情的看法和觀點。因爲我們看事情的角度很多時候是從「負面的立場」出發，所以往往先被自己的頭腦困在負面情緒中，很難看到事件能爲我們帶來的好處，或讓我們成長。「負面的事件」多少會讓我們有情緒起伏，但我們如何看待事件會決定我們從傷痛中恢復的時間，也會決定我們認爲自己是事件的受害者，還是事件的共同創造者。

若我們認爲自己是受害者，我們會停留在責怪他人或自己的狀態中，覺得自己的生活悲慘。若我們視自己爲事件的共同創造者，就可以理解是因爲自己的某些思維、習性、行爲舉動導致事件發生，只要改變了自己，類似的事件將不再發生。

很多時候痛苦是因爲我們陷在頭腦說的故事中，其實那只是看待事情的一種角度。也許我們認爲頭腦的故事是眞實的，那是因爲我們還沒有看到事情的其他角度。我們根據過去的經驗、周遭發生的事，告訴自己事情就是如此，所以就理所當然以爲這就是眞相。

以劈腿來說，頭腦第一個告訴我們的就是：「這是一個痛苦的故事」、「你不被愛」、「你被拋棄了」、「你被欺騙了」、「對方不夠愛你」、「你失去了一些重要的東西」、「別人比我好」、「你不夠好」等。根據我們從小到大對愛的經驗，和長大後所接收的資訊，我們的頭腦對劈腿會有不同版本的解釋。但如果我們用另一種角度來看待呢？假如我們的信念是：「所有不適合我人生最美好、最高益處的人事物會自然離開，我的人生也會因爲這些結束有更好的發展。」這樣一來，我們對於發生的事會不會有不一樣的詮釋方式？

如果對於劈腿的看法不是「欺騙與背叛」，而是看到關係的「眞相」；看到自己的眞相，探討是什麼原因讓感情生變，不是一昧認爲是對方的錯，而是自己也負起責任，眞實地看到自己在關係中扮演的角色、對待對方的方式，和內心對關係的恐懼、匱乏或控制。也能讓我們學習什麼是眞正的「忠誠」，幫助我們了解關係的「開始與結束」。

人都太害怕「離開」與「結束」，因爲我們將它們與「失去」畫上等號，「失去」代表很多負面感受，因爲失去表示我們曾經擁有的人事物已不在我們的生活中。但「失去」所帶來的痛苦，更多是來自我們與內在沒有「合一」。內在沒有合一的空洞會讓我們對「失去」產生恐懼，而不是將之看成一個新的開始。

最重要的關係——與自己合一

人最重要的「婚姻」是與自己的結合。劈腿會令人那麼痛苦，是因爲自己早已先背叛與拋棄了自己。我們不夠愛自己；不願意原諒自己；不夠照顧和瞭解自己。我們與自己是陌生人，卻將我們的依靠、希望與力量都寄託在伴侶身上。所以在失去伴侶後，我們突然不知道自己是誰、該何去何從。伴侶離開所造成的痛，加上原先自己遺棄了自己的痛，才會讓「劈腿」成爲這麼難以療癒的傷痛。

其實，任何人的背叛、欺騙或對我們的負面評斷都無法眞正傷害到我們。在這些事件發生當下，我們很容易會有負面情緒，但情緒釋放之後，當我們理解發生了什麼事，就能慢慢放下和往前。其實這些情緒並不會讓我們感到極大的痛苦，我們痛苦是因爲自己先背叛、欺騙和評斷了自己，所以在受到外在衝擊的時候，才會更難恢復。

若能用另一個角度來詮釋，劈腿其實是幫助我們瞭解最神聖形式的婚姻，也就是與自己的結合，再從對方行爲的投射中，檢視自己是否有遺棄自己、不愛自己的部分，並將對方離開與關係結束視爲新的開始。

背叛感受的源頭並不完全來自於對方背叛了自己，背叛的感受其實早已深埋在我們的心中。也許來自我們的童年；也許來自更久遠之前；也許來自人類集體意識的記憶……。我們所遭遇的劈腿事件只不過是重播的劇情，發生背叛事件，是要幫助我們清理這個記憶，讓我們學習對自己「忠誠」。

我是否每一天都願意對自己忠誠，不論什麼環境；不論是好是壞；不論是富是窮；不論是疾病或健康，我都愛護與尊重自己直到永遠？

我是否有盡我所能，提供自己所需，在危難中保護自己；在憂傷中安慰自己；在喜樂時爲自己慶祝？我是否以自己爲榮，並無條件愛、尊敬、相信、幫助、照顧自己？

如果我們對自己是忠誠的，就不會恐懼他人的背叛，不會害怕被人遺棄，不會擔心失去。因爲我們知道，不論發生什麼事，我們都在這裡陪伴與支持自己，度過人生的喜怒哀樂和悲歡離合。幸福圓滿的人生不是指外在世界的絕對圓滿，而是我們用什麼角度去詮釋自己的人生體驗。

面臨關係中的背叛時，我曾經用自己是堅強、勇敢和不會被打敗的態度來面對，其實只是不想去感受內心的痛苦。一直到幾年後我才開始面對自己受傷了、承認脆弱，也看到自己在關係中的責任，看到自己如何創造關係中的背叛事件。同時我瞭解對方並沒有錯，只是我們當時都不夠愛與了解自己罷了，當然也更不懂得如何愛對方。

超脫二元對立的「唯一眞實」

其實，我們對外在世界解讀的一切都只是觀點，而所有的觀點加在一起，成爲「唯一眞實」。假如「唯一眞實」是一個圓，每個萬物就是這個圓中的其中一小等分，萬物各自的體驗則拼成一個大圓。

我們從扮演不同的角色、經驗過的事，得到各自看待事情的角度，但我們的角度也只是「唯一眞實」大圓的其中一小部分。我們要學習的是不只從自己的角度解讀，而是同時看到他人的角度，試著理解他們在「唯一眞實」中的體驗。

「唯一眞實」中有光明；有黑暗；有良善；有邪惡的體驗；有從無限高頻率到無限低頻率的體驗。以「唯一眞實」的角度來看，沒有哪個比較好，因爲它們都是圓的一部分，都是其中一個等分。

但在充滿比較與二元對立思維的地球上，人們很習慣將事物區分爲好、壞、對、錯。看到人事物的不同，會去比較評論，又因爲自己內在種種的傷痛，評論容易淪爲批判，但對「唯一眞實」來說，一切就只是如此。

如果「唯一真實」本身有感受，那它就包含所有體驗到的感受的總和：所有的喜怒哀樂，無限正面到無限負面的感受。而這些感受的總和，其實就是愛。愛，不是我們想像中的那樣。

愛的相反詞不是恨，因爲恨其實在愛之中。

愛沒有相反詞，因爲它已經包括了所有的感受。

愛，比我們認識的還要深沉和寬廣。

愛，幫助我們看到眼前的事物。

不論發生什麼事，愛讓我們能理解和包容、有慈悲心，因爲愛讓我們知道眼前的人事物，包含自己，都在「唯一眞實」的大圓之內。

在了解自己的路上，愛幫助我們在看到自己最黑暗的部分後，仍然可以全然地愛自己；愛幫助我們在二元對立拉扯中回到中心，在各式各樣的體驗和角度中找到和諧；愛幫助我們了解這個宇宙中有無限多種看事情的角度。你是整個圓的其中一部分，你的內在也帶有無限多種看事情的觀點，所以你可以選擇你要用哪個觀點看世界。

在愛希斯神殿中，我們擴展二元對立的思維，發現原來我們都是圓的一部分。

只是我們習慣用各自的角度看這個世界。愛希斯的子宮象徵「唯一眞實」的圓，在這裡有全然的愛。

我們願意打開內在之眼，看到這份愛嗎？

我們願意擴展看事情的角度，接受他人的觀點嗎？

我們願意帶著這份愛重生，用愛的雙眼重新看著眼前的世界嗎？

讓愛充滿我們，帶著愛從愛希斯女神的子宮重生，進入下一座神殿，光明與黑暗的康孟波神殿。如果沒有愛；沒有包容與接受，我們很難擴展二元對立的思維，很難看到自己只是大圓整體的其中一小部分。如果沒有愛，我們在下一個神殿只會看到光明與黑暗的二元對立，而不是光明與黑暗互相共存共舞。

準備好了嗎？讓我們一起帶著愛與擴張的視野進入康孟波神殿。

Chapter 3

｜第三章｜

康孟波神殿

突破二元對立觀點：合一

康孟波（Kom Ombo）是一座特別的神殿，因為它同時供奉兩位神祇：荷魯斯神和索貝克鱷魚神。神殿的建築平均對稱，從門口可以一望到底，面對神殿大門的左邊，也就是北殿，供奉光明正義之神，荷魯斯神，祂象徵光明、陽性與「正面」。右邊，也就是南殿，供奉黑暗邪惡之神，索貝克神，祂象徵黑暗、陰性與「負面」（講到索貝克神會聯想到荷魯斯神的敵人——黑暗之神賽特，在埃及神話中，荷魯斯與賽特之戰中，賽特就是變身鱷魚逃走）。

這是一座象徵「二元性」主題的神殿，兩棟平均並排，同時守護著這座神殿。在這座神殿中，我們學習從二元對立中找到和諧與平衡並進入中立的意識，在分裂中找到合一。

我們處在一個充滿比較的物質世界。只要降生在地球，就會經歷事物各式各樣的面貌，有光明就有黑暗；有善就有惡；有一體就有分離；有豐盛就有匱乏；有想要的就會有不想要的……。人的一生當中就在許多議題的兩端來回擺盪著。

沒有人是「完美」的。每個人有自己的特質與個性。人有神性光明的一面：有愛、慈悲、大方、包容的時候，也會有人性黑暗的一面：有批判、自私、貪婪、冷漠的時候。每個特質都是一種能量、一個中立的主題，本身沒有好或不好。它包含了無限的創造潛力，也就是正面、光明、良善的那一面，也包含了無限的破壞潛力，所謂的負面、黑暗、邪惡的一面。

每種特質會以什麼狀態展現，取決於一個人表現這個特質時，他的內心狀態：他是帶著覺知意識與愛，或是無意識並感到恐懼？所謂帶著覺知意識就是指：自己可以看到和觀察到自己的想法與行爲，而無意識則是指：自己不知道或逃避自己的想法與行爲。

譬如「自信」與「自大」的特質，它表現出來的主題就是「展現相信自己的樣子」。當一個人帶著覺知意識與愛，他是自信的；他相信自己，知道以自己的能力可以得到想要的事物，或是能突破所有困難。但他同時也是謙虛和謙卑的，因爲他知道生命中有太多他不了解的事，在他周遭的人事物都有值得他學習的地方，他也不需要刻意向周遭的人證明他是誰和做了什麼。他知道他的成就不是只靠自己一人，除了自己的「已知」和個人的智慧，這個宇宙還有太多神祕的未知，他知道自己的偉大與渺小。

但當一個人帶著無意識和恐懼去「展現相信自己的樣子」，就會變成自大。當他達成了某些成就、做了某些偉大的事，他就會等不及要讓周遭的人看到他是誰和做了什麼。因爲他需要外界的關注、尊重與認同，他認爲他能達成他的成就，大部分都是自己的功勞，他看不起周遭的人。他覺得自己是偉大的，無法接受自己的渺小。

自大的人的恐懼，來自於「相信自己」的對立面：「不相信自己」與「自卑」。內心深處會害怕他人看不起自己；害怕他人不認同或不愛自己。而眞實的狀態是，他的內心經常覺得自己不夠好，時常拿自己與他人比較，而產生很多心態的不平衡。這些恐懼就像黑洞一樣，需要被塡補。但在無意識中，「自大」的人只會排斥；不願意承認；拒絕和逃避自己的恐懼，並試圖從外在表現出「自信」的樣子，希望能從外界贏得掌聲與愛戴來塡補內心的黑洞，卻因這樣產生分裂的能量。

難道「自信」的人就沒有恐懼了嗎？一個特質對應一個主題，它就包括了所有的面向。在「相信自己」的主題中，它也隱藏著它的另一面：「不相信自己」。所以一個自信的人，跟自大的人一樣，也隱藏了不相信自己的恐懼。但他們的差別在於：一個願意去看到、接受與愛自己的恐懼，一個逃避、排斥與討厭自己的恐懼。一個是從自己與神聖源頭、宇宙的愛來塡補內心的黑洞，一個是從外界索取愛來塡補內心的黑洞。

就算我們展現的是某個特質的正面向，它的負面向還是隱藏在我們的身上，是無法切割的。同樣的特質也會在我們面對不同的人、事、物時，有不同程度的展現。拿「大方」這個特質來說，一個大方的人也很難百分百大方，在面對不同的人事物會有所分別。在面對家人、朋友或陌生人，程度也許就會不同，甚至對陌生人可能會展現「自私」的一面。每個人程度的劃分就與他的認知、觀點、價值觀和帶入多少意識有關了。

意識自己內在的光明與黑暗

意識會幫助我們看到這個特質的可能性；幫助我們打破我們原有的框架。以「大方」來說，我們自然對喜愛的人很大方，但可能做法是給予禮物，但給予金錢時，就有不同的看法。或是對朋友很大方，但對家人又有不同的作爲。如果是有意識地在觀察自己的行爲，就會發現自己的分別心，和看到行爲背後眞正的原因。所以帶著意識可以幫助我們打破每個特質原有的框架，愛與接受自己每種特質的負面向，讓這些特質的正面向更全面地發揮。

所以每個人身上的特質都有可能會成爲優點或缺點；成爲光明面或黑暗面，差別就在於我們是有意識、帶著愛，或是無意識、帶著恐懼去展現它。但不論我們展現的是哪一種面向，它的對立面，還是隱藏在我們身上，無法剷除或消滅。一旦我們試圖剷除或消滅特質的另一個面向，人會變得分裂。

而任何我們想要剷除的那一面，也會因爲與我們對抗而變得壯大，等著某天反撲。所以我們無須消滅缺點，它永遠都會存在我們身上，我們只是要能夠意識到自己身上發生了什麼事，然後學會與它和諧共處，懂得如何運用它。

如果一個人無法接受他的不完美、覺得自己有問題，或隨時批判、挑剔自己，試圖要自己表現完美，內心就會有壓力和矛盾，也會感到不快樂，甚至對自己生氣。因爲他必須要壓抑他的不完美，不接受自己的不完美是在拒絕自己；是對自己很大的傷害，到最後會變成根本不喜歡自己，或覺得自己醜陋。

帶著批判的觀察，製造對立與衝突

我曾在靈性成長的道路上，希望自己能快速提升，因此嚴格地看待自己的言行舉止，但反而讓自己掉入批判自己與他人的陷阱。剛開始，會發現觀察自己是一件有趣的事，我看到自己很多想法、言語和行爲背後的眞正原因：

「原來我這樣是在嫉妒他人，覺得自己不夠好。」

「原來我這樣是一種控制，害怕他離開。」

「原來我不敢做這件事，是因爲害怕失敗；害怕別人看笑話。」

「原來小時候發現被父母騙，我才會不信任人。」

但一段時間下來，看到了這些背後的原因，反而變成一種「需要改進以變得完美」的標準，讓我開始批判自己：

「我不應該這樣想。」

「我不應該這樣說。」

「我怎麼因爲這樣而憤怒？這些負面情緒不好。」

「這不是充滿愛和光的行爲。」

因爲我開始觀察自己的起心動念，看得到自己的言行舉止，我也開始看到他人的言行舉止。對於同樣都在身心靈道路上的人，我更容易去檢視他們的言語和行爲。尤其內心對身心靈老師更有一個扭曲的高標準，認爲他們應該要是「愛、慈悲、光、寧靜……」的代表，所以當我看到他們身上出現「自私、自我、追求利益、憤怒……」等狀態，就會感到失望或對此不以爲然。

對於不同的身心靈成長方法，我也會有一種：「這種方法比較有用和正確吧！」的偏見。那是一種不自覺的驕傲，以爲自己看到和觀察到了某些事，或學了某一些療癒方法就比別人好，比別人「更靈性」。而在所有人裡面，我最嚴格檢視和評論的就是我母親。

母親與我一樣都長期在身心靈成長的道路上。應該說我其實是因爲她的引領，才開始接觸身心靈方面的課程。但也因爲這樣，我會觀察並分析她的行爲，並不避諱地直接跟她說。在我看來，我是在幫助她看見與成長，因爲我認爲同是在自我提升的道路上，我是在幫助她看見「小我」或是可以提升的部分。但同時內在也帶著從小被母親管教和被控制的不滿，所以雖然自己覺得是在幫助她，但對她說出的建議其實充滿了批判與攻擊。

那個時候，走上了身心靈成長的道路並沒有讓我變得更包容與有愛，反而讓我因爲看見他人言行，而去批判他人。我的批判是來自於不願意接受自己和他人的黑暗面。那時的我認爲探索靈性的人，應該都要展現光明的一面，不應該要有控制、自私、貪婪、虛榮、嫉妒等面向出現。

我以爲在身心靈成長的道路上，只要修行越深，就能慢慢移除黑暗的一面。我希望能移除我不喜歡的那些面向，也許某一天我就會只充滿愛與光，我會很平靜；每天都很喜悅，充滿熱情與動力，痛苦也越來越少。所以當我的陰影面出現時，我不接受；我排斥它，甚至想斬除它。但這種排斥，其實對自己是一種傷害，只會讓我更不喜歡自己，覺得自己不夠好，也很容易感到不快樂。

我想要黑暗消失，想消滅自己的陰影人格，終於被它反撲。

接著我進入了一段黑暗關係，所有的黑暗面在那段關係中全部爆發出來，我經歷了伴侶染上毒癮、暴力相向、和非常多強烈的負面情緒。

被排斥的黑暗：反撲

那是一段痛苦和無力的日子。

我常常問自己：

「發生了什麼事？」

「爲什麼我會進入這樣的關係？」

「爲什麼我會吸引這樣的狀況？」

「爲什麼我都已經常常在觀照自我；察覺起心動念；改變自己，還是遭遇這樣的事？」但就是沒有得到答案。

最無力的是，在過去遇到覺得不適合的關係後，我總是毅然決然地離開，但這次我卻被黑暗緊緊纏住，怎麼都離不開。這是一個很扭曲的狀態，可是當一個人失去力量，眞的會被困在其中。曾經的我無法想像一個人會在關係中被困住，只有在自己經歷過後，才會理解當自己覺得自己沒有力量，又自認爲是受害者時，容易變得無能爲力，很難斷開關係走出去。

那時的我還有一種想法，認爲離開會不會是逃避？會不會離開了，未來也只是換湯不換藥的劇情？因爲我不知道發生了什麼事，我要學習什麼？我想搞清楚：「這一切到底怎麼了？」很多次，在衝突過後，我都有被擊碎的感受。我不斷地問上天：「你要讓我看見什麼？」但總是沒有回應。我有一種孤軍奮鬥的感覺；我覺得沒有人能理解我的經歷，我在周遭找不到答案，或應該說，沒有人可以給我我要的答案。

我的上一段關係也與上癮有關，這一段更嚴重，還有暴力相向的情況，可見我逃避與忽略了一些東西，所以進入了一個更棘手的情況。我知道是我的內在有一些狀況、有一些疑問需要解答，但要得到解答，我必須深入自己的內心，才能找到答案。

直面黑暗——放下二元對立的一線曙光

「如果這段關係是黑暗的，它要教導我的是什麼？」

「我所有不接受的東西都在這段關係出現，到底發生了什麼事？」

我曾自己分析：「我有成癮嗎？我有暴力傾向嗎？對方是反射我內在的什麼呢？」縱使這樣不停地問自己，還是得不到我滿意的答案，因爲情況還是持續著。我的思緒就一直在「想不通爲什麼我會吸引這樣的狀況？」和「爲什麼對方是這樣？」的想法徘徊著。

在後來的衝突中，我會開始去觀察自己的反應、自己回的話、內心的恐懼，以及在對方想施暴的言語或行爲中，我所扮演的角色。我試過反抗，比對方更大聲，但只是讓對方更加憤怒，讓情勢更嚴重。後來幾次，只要對方有強烈的負面情緒出現，因爲恐懼，我會進入弱小無助的受害者角色，這是自動發生的反應，我當時無法控制。

「我喜歡當弱者嗎？」

「我喜歡當受害者嗎？」

弱者與受害者的好處是什麼？

得到同情嗎？可是沒有什麼人知道發生在我身上的事……

我在可憐自己嗎？也許弱者與受害者也是一種權力爭奪戰。

「我爲什麼將我自己陷在這段關係裡？」

直到某一次，對方用力地抓住了我的雙手，露出憤怒的眼神，兇狠地對我說：「你敢跑，你試試看！」我看著他，但我看到的不是他。他的臉不是他，我看到了黑暗。我直直地注視著他，我進入了黑暗。我釋放對黑暗的抗拒，黑暗充滿了我，霎那間我成爲了黑暗。但同時光明也出現在我的內在，我的內心在尖叫、在怒吼，有一股強大的力量貫穿我，這是一個很難形容的過程。然後我開始在內心不斷地重複說：「我愛你；我愛你；我愛你；我愛你，黑暗。」

我看到了我不願意接受的憤怒、敵視、懊悔、罪惡感、羞愧、嫉妒……。我也看到了我的自我厭惡；我看不起自己；看不到自己的價值，因此吸引來這樣的對待，用這種方式、藉由他人的手來懲罰自己。我看到我在關係中，誤用了力量。我用了失衡力量的那一面：控制、壓制、看不起、驕傲……，導致我失去力量，成爲弱者與受害者。

頓時我看到了，我接受了，我接受我陰暗的那一面。

黑暗和光明同時存在我身上。

我不只是要成爲光明，我是黑暗，亦是光明。

在那一刻我理解了。因爲我排斥「上癮」、我排斥「暴力」，當這些狀況出現時，我會譴責、批評與攻擊，讓對方看到自己是多麼差勁。我至始至終都認爲那是別人要改進的問題，我尋求方法，希望幫助對方改變我認爲是錯誤的行爲；我總是在指責對方，卻從來沒有負起責任要先改變自己。

當我進入黑暗時，我看到的是恐懼，黑暗被忽視的恐懼。它沒被注意到，也一直被譴責、撻伐、被消滅，這些對抗它的能量也幫助它更壯大。但它的核心，只是沒有被注意到而需要愛與接納，需要被意識之光注意、接受，並認同它與光明同樣有力量。

在創造與擴張的過程中，需要黑暗，黑暗只是展現了「對立」。如果沒有另一端，就什麼都看不到，一切都消失了。沒有黑暗，怎麼會有光明？沒有邪惡，怎麼知道良善？沒有缺乏，怎麼會渴望豐盛？我們需要對立、混亂和毀滅，才能知道我們要什麼、渴望什麼，才能專注在創造新的局面。但我們對黑暗的不理解與恐懼，讓它成爲會反撲自己的邪惡力量。

跨出第一步：看見、承認與擁抱黑暗

過去的我，只想成為光明的，並討厭自己的缺點：貪心、嫉妒、懶惰、欺騙、驕傲。我想控制它們，不願意讓它們出現，但它們都是自己的一部分啊！它們只是想被愛與接受、想被看見；想被我的意識之光看見。我必須對自己誠實：「是，我就是貪心。我認為我不足夠，所以我想得到多一點。」，但光是接受與看見這些，願意去愛自己可愛的缺點，而非嚴厲看待，就為自己開啟了一扇改變的大門。也就是因為看到並接納這些「缺點」，我們才能提升，這是我們擴張與成長的重要元素，沒有它們我們只會停留在原地。

在那段黑暗關係中，我也會懷疑：「我這麼正面的人，怎麼會遇到這種事？」但其實有一部分是我想拯救他、幫助他，讓他變得更好。我的救世主情結讓我想拯救在深淵的人；我的救世主情結讓我碰到了惡魔情節，我需要拯救的是自己，拯救黑暗的自己；愛黑暗的自己。

我們只能拯救自己，別人也只有他自己能拯救。當我們認為他人需要被拯救而不斷地幫助他，也是一種不信任他和剝奪他的力量的行為。在那種狀況下，他們不會衷心感謝我們，反而會因爲我們奪走了他的力量而對我們有憤怒。這種憤怒很可能連他們自己都不知道爲什麼，他們內心也會很矛盾，明明應該感謝受到幫忙，可是爲什麼有一種被困住的感覺。原因就是我們不信任他們的力量和間接剝奪了他的力量。

我們的角色可以是啟發與信任的，相信他有力量走出來，讓他看到自己的力量，而不是認爲我有能力幫助他。只在對方需要幫助時才幫助，而不是私自決定和干涉他的人生。我不再排斥對方顯現出來的狀態，我知道那是每個人的成長過程，我沒有資格去評斷什麼是對的、什麼是不對的。出現在我面前的，都是在告訴我，我還要更愛我自己哪個地方，而不是對方有哪個地方需要改變。

當我們從自己或他人身上看到了黑暗，不是先譴責與批判，而是先問自己：

「我要怎麼做才可以更愛自己？」

「我有哪個部分需要意識之光照亮？」

如果不知道的話，也可以說：「請我的意識之光照亮這個情況，清理和療癒一切與這個狀況有關的記憶。」當我更愛自己時，我才開啟了可能性，讓對方有機會因爲我的改變而改變。

我非常感謝這段關係，因爲它讓我進入黑暗，學會愛與接受我的陰影，也讓我看到「缺點」並不像我想的，需要改變和移除。而是看到自己不美好的部分，除了學會愛與接受，更是一個幫助我更了解自己的機會，雖然最後我仍然會改變，但過程中卻不會帶來內心的分裂。

當我將「缺點」視爲我不喜歡的部分，就會消耗很多能量在隱藏、改變自己和移除缺陷，這是造成內心分裂的原因。但如果看到自己的「缺點」，知道這是讓我更愛和了解自己的機會，就會因爲這份接納而成長和提升，內在會平靜和滿足，改變也會自然而然發生。從這個角度來看，「缺點」不再是「缺點」，反而是幫助我們生命擴張的燃料。

當我看到也去愛與接受自己的黑暗，對方的黑暗就沒有存在的必要了。黑暗的關係結束了。「毒癮」與「暴力」再也沒有出現在我的親密關係中。

無條件的愛：讓光明黑暗和諧共舞

你覺得光明可以戰勝黑暗嗎？

良善與聖潔可以戰勝邪惡與罪惡嗎？

長久下來我們期待光明總有一天可以戰勝黑暗，但爲了戰勝黑暗，爲了讓「自認爲是對的理念」戰勝，引發了多少的衝突和戰爭？世界衝突不斷，黑暗與邪惡的事件還是不斷在進行著。人們爲了自己的私慾、權利和利益一直在做出傷害他人的事。

外在世界是我們內在的投射，所以世界的混亂只是反射出人類集體的內在狀態。許多黑暗邪惡的事在發生著，這是我們集體創造出來的，每一個人都要爲此負責。這是我們的無意識和恐懼創造出來的，這是每個人無法面對和逃避的黑暗。

只要恐懼黑暗，與它抗爭、想消除或征服，就會餵養它，讓它更強大。只要我們選擇跟隨光明或黑暗，並捨棄另一面，這個世界永遠就是分裂和對立。當你選擇了光明和良善，黑暗邪惡就是你所排斥和厭惡的，黑暗就會在陰影處隱藏著，等待反撲的機會。

我們都是光明與黑暗的綜合體。只是因爲我們對黑暗的排斥，開始譴責和批判黑暗，它成了過錯與罪惡；成了一股令人恐懼的力量。我們不需要爲了成爲光明，而去對抗和消滅黑暗。我們是要學習去愛、接受和保持不批判，接受與愛內在和外在出現的每一個部分。

要愛與接受光明是多麼容易的一件事，但如果要你願意去愛與接受黑暗和邪惡呢？如果你無法愛與接受黑暗，請問，這是不是有條件的愛？如果你無法接受身上的不完美並批判它，就很難了解什麼是無條件的愛。就是要在不完美中，在黑暗的陰影中，才能認出無條件的愛。

我們無法從抗爭中得到永恆的平靜；我們無法擊敗黑暗，得到永恆的勝利，因爲反抗與抗爭只會餵養一切我們反抗的。唯有愛能連結一切。愛我們的光明與黑暗，沒有批判與推崇，只是意識到內在的黑暗，光明與黑暗將結合，成爲你的完整力量。

康孟波神殿就是要讓我們知道，光明與黑暗共同治理這個世界，就像我們的內在世界，同時被這兩股力量管理著。我們要成爲可以運用這兩股力量的人，而不是讓它們互相對抗。我們會如此害怕黑暗是因爲它具有破壞和毀滅的力量。人喜歡安全與穩定的感覺，所以一切會讓我們失去安全和穩定的人事物都是令人恐懼的。

但是我們沒有看到在破壞和毀滅的另一端是重生，是「新」。因爲毀滅了所以得以重建，它是一種提升，所以黑暗也是提升的力量。黑暗的毀滅帶來光明的創造，我們就是需要這兩股能量共舞才能前進與成長，才能進化。

我愛黑暗，我亦愛光明。

你呢？你願意愛你的黑暗與光明嗎？你願意愛你的醜陋與美好嗎？

如果你可以接受你內在的光明與黑暗，懂得利用這兩股力量，你就能拿回你的力量。

是時候了！是時候帶著你的光明與黑暗離開康孟波神殿，踏上你的英雄之旅，進入你的自我展現中心，天空之神荷魯斯神殿。

Chapter 4

|第四章|

荷魯斯神殿

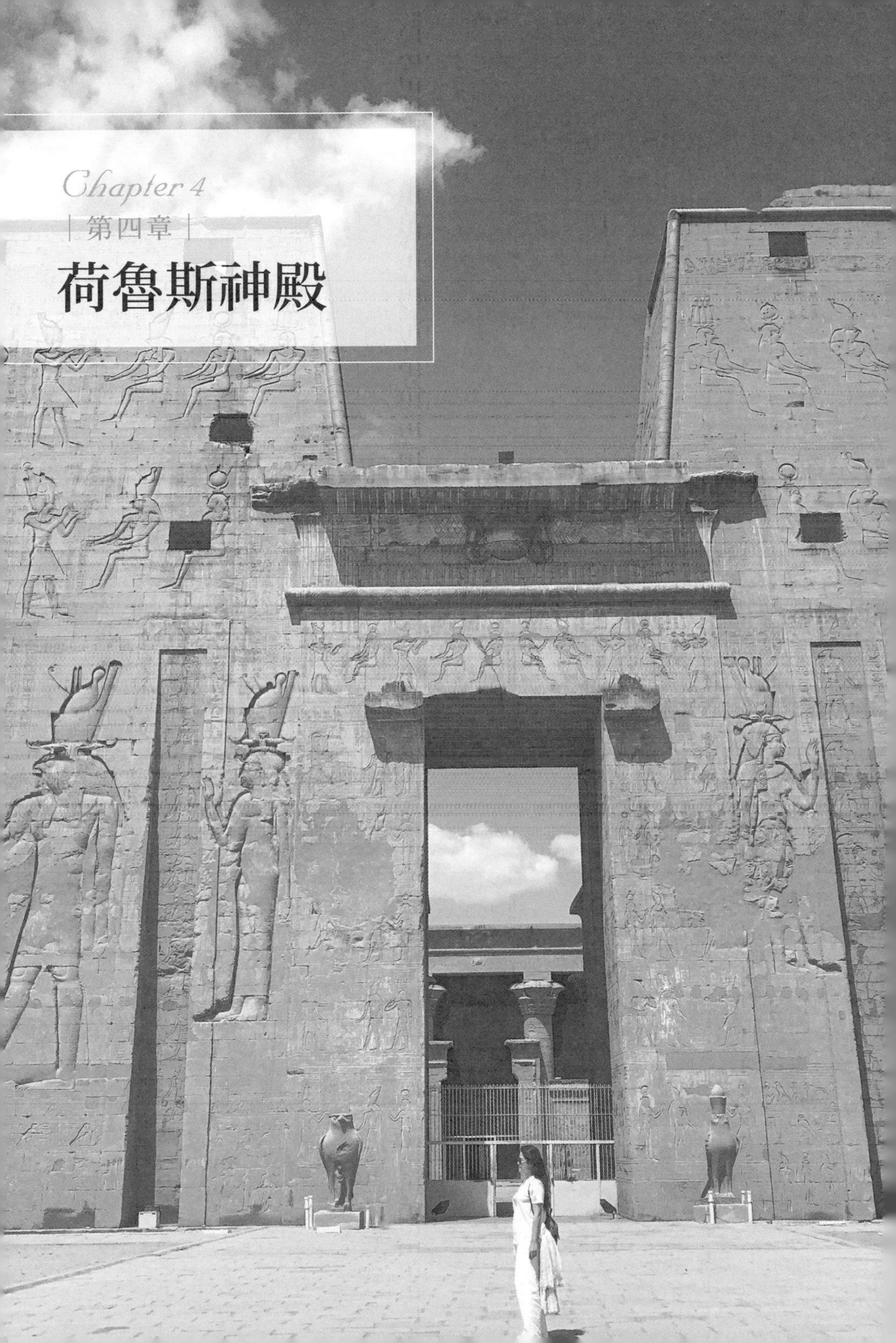

改變，從看見眞實的自己開始

荷魯斯神殿是一座象徵強大陽性力量的神殿。在埃及神話中，荷魯斯是天空之神，形象是鷹頭人身。他是女神愛希斯和冥王奧賽里斯的小孩。他的叔叔賽特爲了搶奪王位殺了他父親奧賽里斯，荷魯斯長大成人後爲父報仇，展開八十年的戰爭，奪回王位。

荷魯斯的故事象徵了英雄的旅程，從一個天眞的孩子到成爲埃及法老王的過程。由於他是愛希斯與奧賽里斯的孩子，所以也代表了在他身上有著父親與母親的智慧，但又超越兩者，展現他專屬自己的力量。

還記得二〇一二年三月，我人在澳洲墨爾本上花精課，那時在旅館中翻到一本雜誌介紹埃及旅遊。我雖然一直想去埃及，但從來沒有眞的計畫要去，但那天在翻閱雜誌時，內心出現了一個清楚的聲音：「二〇一二年的十二月二十一日，你要在埃及。」那是一種非常確定的感覺。回到台灣後，我開始搜尋關於埃及旅遊的資訊和尋找適合的旅行團，就這樣，我預訂了人生第一次的埃及之旅。

二○一二年十二月二十一日那天，我人在天空之神荷魯斯的神殿，它是我開啟新的靈性道路的一個象徵，也是人生中一個重要章節的開始，更是我另一段「探尋之旅」的起點。不要問爲什麼那天我要在埃及，因爲到現在我也還是不知道，我只知道，那一次的埃及之旅爲我與埃及定下了不解之緣，也開啟了我一連串靈性成長的事件。

二○一二年底是我第一次埃及之旅，回來後生活開始有了改變，常常會發生種種不開心和不順利的事，有一度我會感到諷刺地想，也許就像他人所說的，埃及是神祕的國度，某些地方可能受到詛咒，我是不是去了埃及被詛咒影響到了，才會變得如此不順利？

雖然內心這樣想，但我仍然受到埃及的吸引，引領我去了第二次、第三次……，但也是因爲之後又去了許多次，我才知道究竟發生了什麼事。每次造訪埃及後，我就進入了試煉、打破、擊碎、學習和重建的道路，從我過去狹隘的觀點來看，我會認爲人生中發生不順利的事是「不好」的，但從更寬廣的角度來看，這些不順利的事其實都是我生命中需要釋放或轉變的人事物，所以我是受到幫助、支持與愛護的，一切的發生都是爲了我靈魂成長的更高益處。

也許二〇一二年十二月二十一日代表了結束和新的開始，那一天在荷魯斯神殿中，象徵我的「英雄之旅」展開。我們都走在自己英雄之旅的旅途中。在旅程的開始，我們內心有種種疑問、困惑或痛苦。我們在尋找答案，也就是因爲「尋找」、「想知道」、「想了解」，讓我們踏上自我追尋的旅程。

「我是誰？」

「我的人生目的是什麼？」

「人生的意義是什麼？」

「爲什麼會發生這樣的事？」

如果我們有迷失自我的感受，是因爲我們習慣從他人眼中的形象來認識自己，從他人眼中的形象來建立自己的價值。

而我們怎麼開始認識這個世界，怎麼開始認識自己呢？

從一出生，父母或養育我們的人給了我們名字，開始教導我們關於自己和周遭的事物，但這些教導我們的人也只是從他們的角度和觀點告訴我們這個世界是怎麼一回事。

他們透過自己的生活經驗，告訴我們這個世界是什麼樣子、人是什麼樣子；告訴我們什麼模樣、什麼行爲模式是讓人喜愛的、什麼是不被接受的。從年幼時期開始，我們慢慢學習到：要被世界接受的話，我們不能是自己眞實的樣子。

從小我的父親工作忙碌，所以大部分的管教責任就落在母親身上。我母親從年輕時的夢想就是當一個好太太和好媽媽，所以在我出生前她對於如何養育小孩就深入研究。我出生後，她成爲全職媽媽，把我照顧得無微不至。她一直很盡心地成爲好媽媽，也希望我是一個聽話、有禮貌的小孩，所有事都照著她的意思去做。

其實這是很正常的；這是每個父母所期望的。但在這個過程中，會扼殺孩子的自我意識，讓孩子失去認識自己和學習傾聽內在聲音的機會。也許父母心底會害怕孩子太有自己的想法會反對他們、挑戰他們的權威，所以希望他們能聽自己的話、照著自己的意思安排生活。因爲如果事情不是這樣發展，他們會經驗到「自己是不夠好的父母」的傷痛。

我小學一到三年級在公立學校就讀，那時的我活潑、愛講話、愛表現，但因爲結交了一些「會讓父母擔心」的朋友，所以我母親立刻發揮孟母的精神，將我轉入一所基督教私立學校。我的個性就在那個時候開始轉變。私立學校的管教嚴格，爲了確保學生的學業和品行，處處都是規範。

我記得有一次，我因爲見到同學非常興奮，開心地大叫、呼喊他們，但立刻被制止，被稱這是沒有禮貌和沒有規矩的行爲。尤其是女生，更應該「要有女孩子的樣子」，就像很多人會有「男孩子不應該哭，要勇敢」的刻板印象。雖然我被制止，並被要求守規矩是一件非常小的事，可是它在我的心裡留下深刻的印象。因爲從那個時候起，我開始學會隱藏自己興奮的情緒，要做穩重、有禮貌、有氣質的孩子。

那一段期間，學校嚴格的管教，架在我身上的框架與限制越來越多。也許很多人看來，這沒什麼不好，但對我來說，這些就是讓我沒辦法展現眞實自己的限制，其實我的內心是想做個熱情奔放的「野孩子」。雖然我的孩童時期一直處在家庭和學校的保護之下，但我還是在這些看似正常的教養與教育下，被種植了以下信念：

我不夠好。

我是有問題的。

我要呈現大家喜歡的樣子才可以得到周遭人的愛。

我必須要一直評斷自己，看到自己的缺點和不夠好的地方才可以進步。

我的負面情緒是不好的，生氣與哭鬧是不被接受的。

我會害怕被遺棄、不被認同、不被愛。

我不要出風頭，與大家相同是最安全的。

這些信念跟著我，在我的潛意識中重複播放著，成為自我懷疑的聲音。我們腦中大部分的聲音都是這種來自周遭的影響。從一出生，我們就成為團體的一員，被各種團體的意識影響著。從父母或養育者的聲音、導師的聲音、長輩的聲音、同學的聲音，到出社會後：上司的聲音、同事的聲音、媒體的聲音、宗教、政治人物的聲音……。從家族、社會到國家和世界，大家都在跟我們說該怎麼做、什麼才是正確的、對的，以及我們應該是什麼樣的人、要成為什麼樣的人。但其實這些聲音中又存在許多衝突與對立。

一直以來，我們無時無刻接收著四面八方傳來的「聲音、想法與訊息」。從小，我們就被套上他人「對世界和對生活」的看法、準則和規範，有些對我們的生活有幫助，但有些只是增加恐懼，可是我們很少去衡量：哪些「聲音、想法與訊息」對我有幫助，而哪些沒有。當他人告訴你：你是什麼樣的人、什麼對你才是好的，你是完全地相信還是會問自己：「這是眞的嗎？我眞的是這樣嗎？」

大部分的人只是照單全收這些「聲音」，並當作自己的想法，成爲自己的信念，以及對自己與生活的看法，然後變成自己告訴自己的故事，再依據這些看法和故事，做出選擇與行動，最後形成了命運。我們每個人其實是各式各樣的「聲音」所組成的。

如果你不滿意現在的自己或現在的生活，想要改變，就要先從改變自己，以及發現這些「聲音」開始。因爲帶著舊的自己，我們很難創造新的生活。此刻的生活、眼前的一切，是之前我們已經造成的「結果」，所以改變眼前的人事物，不會比改變自己快。改變自己、覺察與改變長久以來，外界灌輸我們的「聲音」，才是從問題的「因」下手。

一個人不滿意他的工作，可以換工作；不滿意他的關係，可以換情人。但如果他沒有改變自己對事情的看法，沒有看到「爲什麼他會不滿意」，而一直認爲發生的事情都是別人的錯，不是他的責任，重複的事還是會不斷發生。換了工作；換了情人；換了環境還是會遇到類似的事，因爲自始至終都是他自己、都是同一個人在行動，也就是一個沒有改變自己內在的人。

所以改變自己，第一步就是看到我們腦中的聲音，也就是我們的想法和信念：它們創造出了什麼故事，以及我們一直在逃避什麼感受。

信念決定觀念；觀念決定命運

命運最初只是從一個小小的思想，一個不經意，沒有被我們察覺到的思想，它重複出現，再合併其他有關聯和類似的思想，像滾雪球一樣，越滾越大，成爲信念、故事和性格，再變成行動顯化到物質世界中，最後組成我們的生活。信念有好、有壞，有適合自己和不適合的，它們也都是對的，每一個都可以顯化到物質世界中，只在於我們要選擇什麼樣的信念？

帶著不同信念的我們，就像戴著不同顏色的鏡片看著這個世界，無法看到這個世界眞正的樣子。每個人戴的鏡片顏色又不一樣，所以看到的世界也不同，但對他們來說，他們看到的世界都是對的。一個戴著紅色鏡片的人，說這個世界是紅色；另一個帶著藍色鏡片，說不對，這個世界是藍色的，另一個說，是綠色的！他們有說錯嗎？都沒有錯，那是他們看到的。但他們都指著對方說對方錯了，認爲只有自己是對的。他們都沒有想到，拿下眼鏡，可以看到相同的彩色世界。或者可以彼此交換眼鏡，從他人的角度看不一樣顏色的世界。

一個人如果出生在相信「這個世界無法信任」的家庭中，從小父母就告訴他這個世界充滿了欺騙和詭詐的人與事。這就成爲他所相信的，他戴著「不信任」的鏡片。他的信念爲了要證實他認爲的眞實，也會不斷創造「世界不能信任」的事件讓他去經歷。他會反覆驗證這個信念，並認爲這是眞的，而且不斷提出證據。當然，這是眞的，那個信念就是他的鏡片，從這個角度去看世界，一定可以看到很多證據。在這個世界上，你要得到什麼體驗，一定都可以得到、找到，還能親身經驗。

但在這個世界，我們要看到什麼證據？我們要親身體驗什麼事件？我們要體驗自己是有力量的，還是要體驗自己是衆多悲慘事件下的受害者？當我們越認同過去發生的事，越認同我們的痛苦、恐懼和擔憂煩惱，只要認爲「那是自己」，就越難拿回自己的力量。

這些負面的想法和負面的感受之所以一直存在著，是因爲有我們的允許。我們不斷在想過去發生了什麼壞事，並擔憂未來會發生類似的事。只是單單覺得「我做不到」、「我改變不了」、「太難了」，就已經在餵養能量給這些負面想法，這都只是在壯大它們，讓我們的痛苦更眞實。

其實那些痛苦的經歷，不是我們，它只是「經驗」，不用讓它變成「永恆的事實」。若將這些歸類到「永恆的事實」，對我們一點幫助都沒有，只會消耗與分裂我們的能量。過去發生那些痛苦事件的自己，已經不存在了，他只存在於我們的「記憶」中，一個我們不願意放掉的記憶，一個我們一直重複經歷的「記憶」。我們一直回想發生了什麼事、別人對我們做了什麼，同時還要擔心害怕未來可能會發生同樣的事、遇到類似的人。爲什麼我們要這樣做？爲什麼我們要一直重複想起痛苦的回憶，或是對未來的擔憂與害怕？

因爲我們已經習慣了。「習慣」就是我們一直重複做的事，甚至是想都不用想就會去做的事。習慣有「好」和「不好」，所謂不好的習慣就是會自我破壞，對自己或周遭人事物造成不好影響的行爲模式。明明這個行爲不好，很想改變，可是爲什麼自己克制不了，很難改變？

人會持續做出一些很難改變的行爲，是因爲在潛意識中，這個行爲對自己有某些「好處」，可以帶來一些安慰或逃避痛苦的作用，才會重複去做。

想減肥的人，卻戒不了甜食，因爲甜食有安慰心靈的作用。明明有很多事要做，卻一直滑手機和看電視，因爲滑手機和看電視可以逃避不想做的事……其實在甜食上癮與逃避行爲之下，還藏著更深層的想法與感受，也就是眞正讓我們焦躁的原因。可惜，從小就沒有人引導我們去面對與探討這些令我們不舒服的感受。

從小到大，父母或師長都不接受我們表現出：生氣、憤怒、悲傷等負面情緒。當這些情緒出現時，我們不是被制止、責備或打罵，就是運用各種方式，譬如給我們玩具、零食或看電視等來轉移我們的注意力，讓我們停止哭鬧，而不是陪伴我們去了解自己的情緒，去學習負面情緒並不是不好、不應該出現，並讓我們理解：負面情緒的背後隱藏受傷的心，等待著被愛與理解。因爲如此，大部分的人從小就學會用逃避和轉移注意力的方式來面對不舒服和焦躁的感受。

這也是爲什麼很多人在心情不好時，不願意探究自己的感受、問自己發生什麼事，以及去思考如何支持自己，而是以滑手機、看電視、吃東西、打電動、抽煙喝酒等方法，來排解負面情緒帶來的不舒服感受。這些「行爲」是我們的安慰劑，久了就成爲習慣，它替我們帶來好處，所以我們才會一直重複這些行爲。

爲什麼我們習慣重複回想痛苦回憶？或想著對未來的擔憂與煩惱？很多人腦中大多是負面的想法，多數人談的也都是比較負面的事。「我們周遭也充斥著恐懼的資訊，所以我們習慣這麼做。我們一定要問自己：「想著擔憂與煩惱；想著痛苦的事；背負著痛苦的經歷，或者一直重複經歷痛苦對我們有什麼好處？」如果沒有好處，我們不會這樣做，這也是爲什麼人會緊抓著痛苦不放的其中一個原因。但每個人重複這些行爲模式會有各自不同的原因，我們要去探討自己行爲模式背後的原因。

我有兩段感情關係讓我受到很大的挫折，在當中我不斷地磨練與學習，一直想了解發生什麼事，但很多時候又覺得是自己困住自己。從經歷這些關係以後，我開始問自己：爲什麼我要待在經常受挫的關係中？

我看到進入這樣的感情，對我最大的好處是：如果我能看清自己發生什麼事，看到自己內在失衡的地方，我會有很大的提升。因爲我有一個信念是「痛苦會帶來蛻變」，所以越大的衝擊，會帶來越多的智慧。因此這件事對我的好處是：在其中我會看到這段關係要讓我學習的事，並獲得智慧。

原來我一邊憐惜著「被痛苦折磨的自己」，但同時一邊還暗暗覺得這種行爲是「偉大」的。因爲我認爲，如果我能突破這個課題，我就會更有力量。在重新探討時，我與自己對話：

「痛苦會帶來蛻變，是眞的嗎？」

「是。」

「我認爲被痛苦折磨，是偉大的，是眞的嗎？」

「是。」

發現了這個信念，讓我開始再更深入探討我到底在想什麼？我因爲這個信念讓自己待在一段不健康的關係裡，也許我應該轉換這個信念。

我看到我的信念來自於，過往經驗裡我們喜歡談論自己有多辛苦、花了多少精力、多少時間，以及經過多少困難才完成某些事、達到某些目標，才能成爲現在的樣子。很少聽到人說：「我很輕易和開心地完成了這些事」。彷彿越多的困難、越多的折磨、越多的挑戰才顯得出事物的價值；才顯現出自己的價值。好像對人們來說，太簡單的事，沒什麼價值。事情輕鬆、簡單地完成，自己會顯得沒什麼價值。

「痛苦帶來蛻變」和「經歷痛苦和折磨，才顯得偉大，才能顯現價值」的信念替我帶來眞實的體驗，但這些信念一定要成爲我的眞實生活嗎？成長，一定要經過痛苦的過程嗎？偉大和有價值是來自有多辛苦、經過多少困難嗎？我要選擇什麼？這似乎與我的自我價值和我認爲自己值得什麼有關。

會進入不和諧的關係，也與不相信自己值得擁有幸福的關係有關。如果我深信我值得所有一切美好的人事物，我就會擁有美好幸福的關係。

當我深信，我本身就是有價值的，我的價值不在於我做了什麼，以及我經歷多少辛苦和多少困難去完成什麼。就算是輕鬆、簡單、自然而然和喜悅，對我來說也可以是偉大與有價值的。

當我覺得必須要很辛苦，也要經過許多困難和挑戰，才能顯示這件事、這個工作、這段感情或我的人生價值，一切才顯得值得、才有意義，在我人生的路上，我就會遇到很多的困難與挑戰，讓我很辛苦、很痛苦和很拉扯，只爲了要超越這些磨難，以證明自己的價值和意義，讓自己覺得更有力量。但我也可以決定：

「我的存在已經是偉大、有力量和有價值的，同時我也值得所有美好的人事物，我可以輕鬆、喜悅、自然地面對與處理生活中發生的事，因爲神在我心中與我共同創造。」

不過我也了解，當我們還未覺醒時，也就是當我們還在無意識、機械化地過每一天，我們會碰到衝擊來喚醒自己，直到我們看清楚、改變自己的習性。但當我們開始有意識地覺察自己的思想、感受和行動，自然就不會需要創造出激烈的事件來幫助我們成長了。

這就是我們的信念。它的力量很大，創造了我們的經驗，但是誰造就了我們的信念？是我們、是你、是我、是每個人。雖然一開始是別人灌輸了我們那些信念，但我們才是最終決定要實踐那些信念的人。所以信念的力量固然強大，但將這些信念付諸行動的人更強大，因爲他可以選擇和決定要落實哪個信念，顯化成他的實相。

「我的心智是由無數的聲音組合而成，在這些聲音之後，還有一個執行的我。靜下心，選擇適合我的聲音，選擇會幫助我擴展的聲音，讓它們成爲實現我的渴望的工具，而不是認爲自己就是這些無法改變的聲音。」

與小我和解——認識、包容與接納

在埃及的壁畫上，常常可以看到一隻眼睛，那隻眼睛就是荷魯斯之眼。它象徵智慧與保護，幫助我們在人生旅程上帶著智慧，在遇到懷疑與比較時，能清晰明辨，帶著覺知前進與擴張。

在發現與認識自己真實面貌的過程中，我們會一直有機會展現「自我」，這個「自我」有其中一部分叫「小我」。我曾聽過一些靈性教導，對「小我」有很多批判，將它看成需要消滅的敵人，而不是該去愛、理解與包容的部分。其實，對小我的批判和消除，只會讓自己分裂對立，讓自己深深覺得被困住。我們不需要移除小我，而是要好好認識它，好好運用它來幫助我們更了解自己，「小我」是我們了解自己最好的工具，接納「小我」是對自己展現「無條件的愛」最好的方式。

什麼是小我？小我是所有關於「我」的架構，這個架構很複雜，可以是我們對自己身分的認同，以及在生活中扮演的各種角色、背景經驗、人格、價值觀、天賦、能力、一生建立的信念等，這一切的種種加在一起，成爲一個自己的形象，來證明自己是誰。這個自我架構很多元，其中某些部分可以和諧共處，但某些部分也可能會互相矛盾衝突。

有些人會認爲「小我」就像我們戴著的面具，在面具的後面，還有一個眞實的自己。但我覺得與其稱小我爲面具，不如稱小我爲工具：我們在地球上創造物質的方式。小我也可以算是我們人格的一部分，如果沒有小我，我們就不會出現在物質世界中，就不會出生在地球。爲什麼我們這一生選擇出生在地球？就是因爲我們的小我在地球有任務。神想藉著我們的小我展現祂的面貌，在地球上創造並傳達祂的訊息。

小我只是工具，但因爲我們不了解小我，會試著壓抑它，才讓小我變得難以控制，製造許多紛爭。我們都太認同「我」的身分，認爲「這個就是我」，所以在遇到受傷害、不利於自己的利益或對自己沒有益處時就會與他人發生衝突。再加上很多人都沒有察覺自己的思想與行爲，大部分的時間都處於無意識的狀態，所以自然會將自己的一切視爲最重要的、不可侵犯的。

小我是我們人性的一面，需要那麼多不同的「我」，是因爲需要千萬種方式在地球上自我展現。我們越是不喜歡、排斥自己的小我，就越難以我們獨特的方式創造。有人說「小我」會比較、有分別心，因爲它單純以「我」作爲出發點，所以會看到「我」與他人的不同。

但這是正常的，只要處在地球，就會看得出差別。我們有男人、女人；有左腦、右腦；有左手、右手；有左腳、右腳，就是有所不同。我們的頭腦習慣分析、收集資料，自然就會去比較。「比較」也是幫助我們進步的方式，而人們會害怕比較是因爲，在比較後會帶來「自己不夠好」的感受。

在看到比我們優秀或令我們羨慕的人，我們總會不自覺拿自己與他們做比較。如果是一種啟發，激勵自己往前，就非常好，但大部分的人都將對方當成「衡量自己的標準」。其實那卻是一個「虛幻不實」的標準，很多人將它看得太眞實，因此很容易降低自我價值感，也失去了前進的動力。

爲什麼說用他人衡量自己，是虛幻不實的標準，所以我們不應該用這套標準來衡量自己呢？因爲我們每一個人都非常不同，我們有不一樣的人格和不同的背景經驗，我們的思考模式、做事方式、能激發我們和支持我們的人事物都很不一樣。但人們往往只是很膚淺地看到對方呈現出來的特質，就拿自己和對方比較，可是往往沒有看到他們背後的成長過程、他們是怎麼樣思考和行動、幫助他們往前的動力是什麼等。在以上種種加疊起來後，他們才成爲現在的樣子。那麼我們有可能跟他們一模一樣嗎？

當然不可能。既然如此爲什麼我們要拿他人的樣子來衡量、鞭策自己呢？我贊成將他人當成榜樣、激勵自己，讓自己看到生命更多的可能性，成爲一種創造的動力。但若是拿他人來批判自己不足的地方，就是一種對自己的傷害。所有對自己苛刻與嚴厲的言語，只會讓你更討厭自己、會消耗自己的能量，也扼殺了自己的創造力。

比較其實還有一個好處，在比較後我們感受到什麼？有什麼感覺或想法出現？我們內心出現什麼聲音？「他憑什麼？」、「那一定不是他的實力」、「我不像他有那種機會……」、「我哪有那麼多錢可以做那些事……」、「我沒他那麼聰明……」。去觀察自己與人比較後，我們內心出現什麼聲音，觀察後我要說聲恭喜，因爲就是那些想法，限制了我們、阻礙我們前進。

小我帶著我們對自己的扭曲信念，這些信念可能是：認爲自己比他人更好，或認爲自己非常重要，而扭曲變成一種自大，也可能是認爲自己不重要，變得自卑而讓自己成爲受害者。但說穿了，小我就像是一個受傷的小孩，認爲自己不被愛、不受重視、不夠好，它帶著傷痛展現自己。

我們對小我的排斥，就像是再次宣告：「我不愛自己」，因爲小我就是我們在地球的一部分。只要我們能愛那個受傷、不被愛、不受重視，甚至自認不夠好的自己，我們就是在告訴小我：「我們愛它；我們重視它；它很好，它會成爲我們在地球上最好的幫手，協助我們完成在地球的任務。」

小我沒有好或不好，只有是否失去平衡。失去平衡的小我來自於過去受過的傷痛，但這些傷痛是有目的，是爲了幫助我們尋找答案，再用找到的答案，來展現自我、影響身邊的人。

一個憤怒的人，是來地球上展現和平的。

一個悲傷的人，是來地球上展現喜悅的。

一個匱乏的人，是來地球上展現豐盛的。

一個控制的人，是來地球上展現信任的。

如果我們想幫助這個世界，想改變世界，我們就要讓人看見、成爲他人的啟發。但如果你深怕「讓人看見」，也害怕「我」在世界上的展現是小我的作爲，害怕就會變成一種破壞。我們可以問自己，在我們的恐懼背後，隱藏著什麼？我們曾經看過它的破壞力，認為它會帶來災難嗎？壓抑與批判小我，只會使我們憎恨自己可以完全展現自我的那一面；憎恨自己可以帶來啟發與影響力的那一面。

小我產生的破壞，讓我們看到限制的信念。透過它產生破壞行為，我們才可以看見自己需要改變的部分。不要害怕自己的破壞力，因為破壞的另一面向是重組。從更深的層面來說，小我的破壞性作為，也是因為它想被我們看見，它用扭曲的方式，希望被看見。但小我不是針對別人，只有我們對小我的看見與關注，對小我的愛與接納，才能滿足它匱乏的心。

期待他人的看見、需要他人的關注，是源自小我的匱乏。我們感受到匱乏的小我，才會隱藏自己，不敢讓人看見，因為我們害怕它變成一種破壞。但唯有我們對小我的愛與關注，才會讓我們懂得「被看見」的力量，那時候小我就不再是破壞力，而是能啟發人的影響力了。

我們是有智慧的靈魂，來到地球學習成為人。學習從不同的人格發展出各自獨特的方式進行物質創造。小我就是我們在地球的獨特工具與方式，它是我們的一部分，它所帶來的「毀滅性特質」，能夠幫助我們激發出它的另一面，也就是「美好的特質」。

我們的毀滅特質，只有在我們帶著愛的時候，才會受到轉化；才能得到平衡，進而轉變爲美好特質。所以，不要再說小我是敵人，它是我們最好的夥伴，它幫助我們劃出「自己」與「他人」的界線，透過小我，我們可以看到界線如何劃分，也可以將此當成我們的指標，知道那裡可以擴展、進步。

將愛帶給小我，用小我在物質世界裡創造豐盛。物質不是單純指金錢和金錢帶來的，而是指「我」在物質世界所創造出來的一切，「我」的每一個獨特思想與靈感，將它轉化成能聽見、看到、聞到、嚐到或摸得到的事物，將它展現到世界上，讓周遭的人感受與體驗。

如果你是音樂家，就創作出更多的樂曲，用音樂傳達你靈魂想傳達的訊息。如果你是藝術家，就用各種藝術表現傳達。如果你是作家；如果你是科學家；如果你是醫生……，我們每個人都有自己獨特的方法在這個世界展現「自我」，與人分享、激發、影響其他人。只要我們不再排斥小我，就可以看到自己如何將小我當成工具，傳達我們的思想至物質世界中。

荷魯斯神殿是幫助我們看到自己力量的神殿，看到「我」想在這個地球如何展現，以及如何以「我」作爲工具，將神的訊息或靈魂的靈感顯化到物質世界。我們常看到的埃及之眼，就是荷魯斯的智慧之眼。

在地球展現自我的這條路上，祈求我們的內在之眼就如同荷魯斯的智慧之眼一樣，覺察到自己從恐懼、分離和匱乏爲出發點的思想信念，讓我們有機會可以重新去愛、接納與擁抱那部分，讓我們分裂的部分合一，提升到另一個新層次，重整、出發然後再創造。

Chapter 5

｜第五章｜

路克索神殿

身體聖殿：意識到自己的行動與感受

二〇一四年，我展開了第三次的埃及之旅，在路克索神殿發生了一件小小的有趣體驗。前往路克索神殿的前兩天，我做了一個身體清理的冥想，不知道爲什麼，冥想完畢後我的左眼立刻變紅，像是發炎感染了一樣。一直到去路克索神殿那天，還是一樣紅腫和疼痛。

路克索神殿距今已三千多年，它是屬於「卡納克大神殿」的一部分。路克索神殿也稱爲「人（Human）」的神殿，在俯瞰神殿時，可以看出它的形狀就像是一個人的身體，這個神殿的建構精確地反映出了人體的比例。

當時我漫步在路克索神殿中，突然有一個靈感，既然它是代表「人」的神殿，按照人體結構來建造，如果我走到神殿象徵「左眼」的地方，在那邊做療癒冥想，不知道會不會對我紅腫疼痛的左眼有幫助？我只是以一個好玩和試試看的心態，並沒有期待任何結果，然後我走到「左眼」的位置，在大圓柱下坐著，想像我與這個部位連結，冥想我的左眼能接受療癒。過了幾分鐘，我的眼睛雖然還是紅紅的，但不痛也不腫了，到了第二天，我的眼睛就好了！這真的是只是巧合，還是有神奇的事發生？我無法肯定。但至少它是一件有趣的事，也讓我印象深刻，因此記住了這個「人的神殿」。

雖然路克索神殿是象徵「人體」的神殿，但它代表的不只是身體，也包括了人的心智、情緒，三者的平衡，還有三者與更高的力量（神、創造者、源頭、宇宙，任何你習慣的稱呼）之間的連結。

在荷魯斯神殿，我們看到自己的力量，以及我們用什麼方法在世界上展現自己，接下來路克索神殿的課題就是如何在身體、心智與情緒中找到平衡，察覺到自己與更高力量的連結，並學習如何將外在世界當作省思自己的工具。

路克索神殿向我們顯示，人的身體就是我們最重要的神殿，從出生在地球，直到離開的那一刻，我們都住在這個神殿中。這個神殿供奉的神是你，因此你也是維護這個神殿的人。我們早上一睜開雙眼，在身體的神殿中醒來，一整天都待在神殿中，晚上又在神殿中睡去。

當我們去神殿、廟宇、教堂等神聖的地方，都會不由自主帶著崇敬的心，奉獻鮮花、水果等適合敬拜的物品，我們很少在神聖的地方辱罵叫囂，因爲它是我們崇敬與連結神的地方。而對你最重要的神殿，你的身體，你有同等地對待它嗎？你有用崇敬、充滿愛的心對待它，細心整理與愛護，餵養它高頻率的飲食，對它說美好的話語嗎？

你與身體的關係如何？你如何對待與照顧它？可惜事實卻是，大部分的人並沒有好好對待自己的身體，反而對自己的身體有很多挑剔與埋怨。

這個世界對「身體形象」的不實標準，尤其對女人有更多的要求，所以我們很容易會覺得自己太胖、太瘦、太矮、太高、太黑、太白、太老……，對自己的身體產生很多的批判。當我們站在鏡子前面，很容易看到自己不滿意的地方。雖然每一個人的體型都不一樣，我們卻認爲自己必須要呈現某一個樣子才會被喜歡與接受。但其實我們身體最需要的並不是他人的喜愛，而是我們自己的接納與愛。

當我們不接受與不愛自己，就很難好好照顧自己，無意識中會去傷害身體：譬如吃許多不適合的飲食、說許多批評自己的話、積壓負面的情緒。我們的自我批評會讓自己暗暗討厭自己，爲了要逃避那種不舒服感，便養成各式各樣不好的「壞習慣」來塡補空洞的感受，吃不健康的食物或是暴飮暴食就是其中一種。

這些對身體沒有幫助的習慣很容易變成上癮行爲，上癮不是只針對煙、酒、毒品、吃甜食等，所有讓人有過度沉溺的行爲都是。譬如滑手機、看電視、打電動、購物、耽溺關係，甚至過度工作都可能隱藏著上癮的行爲。

會有上癮行爲是因爲我們內在有空虛、不安全感、匱乏等焦慮與恐懼的感受，當這些感受出現，我們又不知道如何面對與處理，就會尋找外在人事物來安慰自己，減緩自己的空虛與焦慮感。雖然這些行爲可以讓我們好過一點，但我們的空虛、焦慮、不安全感與自我懷疑一直是內在的傷痛，無法藉由外在的人事物填補空缺，一切都只是暫時的舒緩。一段時間後，相同的焦慮或恐懼又會再次升起，只有我們對自己的愛與關注才能轉化這些感受。

我們可以觀察在生活中，有哪些對自己沒有幫助的習慣？當看到這些行爲出現時，我們先不要批判與責怪自己；不要覺得自己不對或不應該，因爲我們的批判只會讓自己覺得不夠好，更討厭自己也讓上癮行爲變得更嚴重、更難改變。就算改變也只是暫時，或變成轉移爲其他的上癮行爲。當出現上癮行爲，我們能不能察覺到自己發生了什麼事，或我們在想什麼而引發這個行爲，可不可以察覺到焦慮是來自哪裡？

也許我們會發現自己的焦慮來自無法如期完成某些事、來自工作上的問題、來自金錢匱乏，或害怕伴侶離開⋯⋯。看見自己的擔憂，寫出自己的焦慮，其實我們大部分的焦慮都是頭腦的想像，它並不一定眞的會發生，但如果我們不斷地想，沉溺在那樣的頻率中，就更容易去創造那樣的情境。

常常我們在寫出來後，會發現我們的擔憂沒有那麼糟糕。在寫的時候，也是一種思緒整理，幫助我們看到自己可以做的行動是什麼。在觀察自己的同時也跟自己說：「沒關係，我在這，我愛你（自己的名字），我在這陪伴你。」一次、兩次、三次，給自己很多的耐心與愛。當我們願意面對自己不舒服的感受；願意寫出來；願意跟自己說我愛你、我陪伴你，這個舉動，就是在告訴自己：我在爲自己的生命負責，這是對自己愛的證明。

這些習慣也許沒有這麼快消失，但至少你可以察覺到「我正在藉由這些行爲逃避感受」，而不是無意識讓行爲進行。當你可以「靜靜看著自己在做這些事」，就可以問自己：「我現在有選擇的權利，我要選擇停止行動或是繼續做下去？」問自己這個問題是幫助我們看到自己的行爲舉止，讓無意識的行爲浮現到意識的聚光燈下。

如果你很難停止，想要繼續行動，不要批評責怪你的選擇，只要對自己說：「（今天工作上的壓力），讓我產生（焦慮）的感受，我選擇（吃甜食），因爲此刻的我認爲（吃甜食）對我有幫助，對我的身體是好的，是最好的解決方法。我愛你（自己的名字），我陪伴你渡過一切。（不斷地說我愛你）」當無意識行動變成有意識，我們自然而然會想做出對自己有益的事。

我們的身體是很奇妙的，當你不再批判你的選擇，展現對自己的愛，對你沒有幫助的習慣反而會漸漸消失。因爲當你很愛自己時，你只會想做出會滋養自己身心靈和對自己有幫助的選擇。人有很多的壞習慣，是因爲對自己的失望與討厭自己，在無意識中開始懲罰自己，或因爲認爲自己不值得美好的人事物，才變得消極開始逃避自己。

當我們開始看到自己想改變的行爲，讓無意識的行爲浮現，知道自己可以選擇，同時也不批評自己的選擇，反而是無條件的愛與接受自己，在這樣的頻率中，我們一定會有正向的改變。

將你的身體看作你在地球上最重要的聖殿，它是你與源頭之光在地球的第一個共同創造的「物質」。帶著愛與崇敬的心對待它，它需要你的愛、認同與細心照顧。當它生病或出現問題，是一個提醒與警訊，要我們將注意力拉回到身體，然後好好照顧它，同時也是一個機會去觀察自己內在儲存了哪些沒有幫助的想法與情緒；隱藏了什麼樣的恐懼需要釋放。當我們可以這樣對待自己身體，它也將成爲我們在地球上最大的支持，讓我們更容易在地球上創造出渴望的事物。

關注生活的美好——開啟創造的奇蹟

若說思維是頭腦的語言，感受就是心的語言。

我們的感受在改變與創造生活上是很重要的元素。

你對自己的感受是什麼？

你對周遭世界的感受是什麼？

如果你的感受美好，就會爲你的生活帶來美好的體驗；如果你的感受痛苦，就會爲你帶來痛苦的經驗。

感受最開始分爲兩種，也就是我們的思想、情緒、行動是否一致，我們與源頭之光是否一致？我們是否記得，並沉浸在這份連結中？如果要形容這兩種感受的話，當以上部分是一致的，我們的感受是合一、愛、滿足、接受、感激、充滿力量、相信自己等美好感受。當以上部分不一致，我們感受到的是分裂、抗拒、恐懼、懷疑自己、匱乏、無力等不舒服的感受。

我們與源頭之光一直都連結著，從來沒有分離過。但很多人忘了，也沒有察覺到這份連結，所以很容易在生活中感到孤單、害怕、焦慮或沒有安全感。不論我們的思想、情緒、行動與源頭之光是否一致，都會帶著這兩種感受，去體驗生活中無數事件，再經過頭腦的評論、分析和貼標籤，產生各種情緒。我們為事件下的定義，會漸漸成為我們的價值觀，以及我們對自己與生活的看法，還有相信的事物。

可惜大部分的人，從小到大身邊的人都處於恐懼與焦慮中，導致我們接收到的訊息都帶著恐懼、擔憂和懷疑，所以很多人一天之中大部分的思想和感受都是比較負面與悲觀的。如果我們大部分的時間都在想負面的事、有不好的感受，我們怎麼會有快樂的生活呢？

我們以為自己不快樂是因為缺少了什麼，如果自己擁有某樣東西，達到了某些目標，我們就會快樂了。但其實這是頭腦思維的陷阱，我們的不快樂，是因為我們已經習慣將注意力放在「自己或生活中缺少什麼」，習慣去尋找「生活中還不滿意」的地方。

舉一個簡單的例子，我們可能工作辛苦、生活忙碌，所以期待著假期到來的那一天，等不及要和家人朋友出國，或是到一個美麗的地方休閒娛樂，好好休息放鬆一下。終於這天到來，我們來到這個放鬆的地方，也許剛開始很興奮，但過了一陣子，我們腦中開始出現一些煩惱，也許是擔心工作的事，也許是想到生活中的問題。雖然身在一個漂亮和舒服的地方，卻覺得沒有很放鬆，沒辦法全心享受每一個片刻，好像也沒那麼開心。

幾天下來，假期結束，我們回到繁忙的生活。一段時間後，回想那時的旅行或看到當時的照片，只會覺得：哇！那時候好好玩喔！在那個地方好放鬆喔！好想再回去或期待下一個假期的到來。但當我們眞的處在假期之中，並沒有回憶或照片中那麼享受啊！

這就是我們的思想和注意力。也許外在的環境可以暫時改變我們的思想與注意力，但只要習慣將焦點放在缺乏、擔憂和煩惱上，只要習慣了負面的感受，一段時間後，我們的焦點也會從某樣事物或某個人帶來的開心、興奮、和滿足感，回到缺乏和不滿意的感受上。

我們可以觀察自己的思想，大部分的想法是不是都在關注我們的健康、身材、關係、工作、經濟……的缺點和不滿意的地方？一天之中有幾次我們的注意力放在生活中令我們滿意的地方？並感謝我們所擁有的？

我們從小就被教導要看自己還缺少什麼、哪裡沒有做好，才能進步和成長。但當這變成一種思維的習慣，我們不但無法從中得到方向感並因此行動，反而會陷入懷疑自己、覺得自己很差勁、感覺生活很差的負面漩渦中。

如果我們習慣了負面的感受，也就是長時間都處於害怕、沮喪、無奈、焦慮、悲傷、緊張、煩躁、不安……中，就算發生了令我們高興和興奮的事，正面感受並不會持久，因爲我們不習慣正面的感受，很快我們又會習慣性尋找生活中「讓我們不開心、不滿意或不滿足的事」，回到負面感受中，因爲這才是我們所熟悉的感覺。

這不是我們的錯，這也不是任何人的錯，這只是我們的社會和世界上多數人的習慣。但從現在開始，我們可以看看這個習慣對自己的生活有沒有幫助？如果沒有，我們可以決定改變這個習慣，開始看到生命中值得感謝的事。

從感謝的角度看事情，爲自己創造神奇空間。在這個空間中滿足取代空虛；機會取代問題；豐盛取代匱乏，如此才能創造更多讓人興奮的事物。當我們不再活在匱乏與需索無度當中，創造的奇蹟才會開始展現。

選擇——重新拿回力量

我母親是一個對自己要求很高的女人，在她的生命中她必須是一個好太太、好媽媽、好媳婦；必須把家中所有人都照顧得非常好，也因爲她要求完美，要確保照顧好每個人、讓每個人開心，使她的人生非常辛苦和忙碌，但對她來說一切是值得的。也許在她心裡有一個完美的母親形象，所以她也會有完美的小孩應該要是什麼樣子的標準，對我們的言行舉止都會加以管教。

不知道爲什麼，我有一個很小也無關緊要的記憶，但卻一直深印腦海。大約是我五歲或六歲的時候，我穿著一件拉下會露出肩膀的平肩衣服，我母親不讓我露出肩膀，將我的衣服拉上，我之後又拉下，然後她繼續拉上，兩個人就持續將衣服拉上拉下。

從小，她對我的穿著、言行舉止、學習才藝和生活中的一切都有安排。就連別人問我話，她都會幫我回答，在她心中，她來做比較快也比較好。父母對於自己與孩子的要求，自然也會出現在管教我們的言語中，所以在我內心，總會有種「不斷被挑剔」與「自己不夠好」的感受。

長大後，我也很容易去挑自己的缺點，或挑剔自己做事沒做好的地方，然後拿自己與周遭人比較，甚至到最後，我變得什麼都不敢做，因爲害怕自己多做多錯。年幼時我們可能被指責、處罰、欺負、誤會……，而引發了我們的負面情緒，我們會難過、悲傷、生氣或憤怒，但當時身邊的大人不懂，也害怕處理我們的負面情緒，因此制止我們。他們可能會對我們說：「不准哭，不要生氣，生氣是不好的。」

就算小朋友只是因爲跌倒感受到皮肉痛而哭，大人也會安慰說：「不要哭了。」所以從小我們就學習到：悲傷、難過和憤怒是不被接受的，我們開始不去感受和逃避這些情緒。大人除了不懂得處理我們的負面情緒，也不懂得如何幫助我們探索引發我們負面情緒的事件，所以在這些過程中，我們有受傷的感覺，以爲自己不夠好、不被愛、被遺棄、被忽略、不被尊重……。

當我們長大成人，心智成熟後，回頭看小時候或過去那些讓我們傷痛的事，能理解當時大人爲什麼會那麼做，但雖然頭腦上能理解，感受卻沒有釋懷，在潛意識中，還是會有覺得自己不夠好、不被愛等感受。加上從小我們就被教導生氣、憤怒、沮喪等負面情緒是「不好的」，我們「不應該」有這些情緒，長大後也就不自覺壓抑或逃避，最後變得麻木、沒有感覺。

我們麻木、沒有感覺，是因爲我們以爲這些情緒太痛苦了，不想去感覺，所以封閉它，但其實它沒有我們想像中可怕。只要我們願意面對、打開心房、進而理解，反而是一種釋放。年幼的我們因爲不理解，也沒有人在身邊教導與陪伴，所以對負面情緒下了錯誤的註解，覺得是因爲自己有問題、自己有錯，讓自己成爲受害者。但長大了的我們，可以再回顧過去，單純地感受那些受傷害的情緒，再次下定義。

爲什麼我們會有受傷的感覺？因爲我們覺得被人傷害。但那是我們自己定義的，我們是那個可以改變定義的人。生命中，所有的事件只是單純發生，它是中性的，本身沒有任何意義。意義，是我們賦予事件的，我們給予這些事件正面或負面的意義。一件事，可以用正面的角度來訴說，也可以用負面的角度來訴說。會感到傷痛，是因爲我們用負面的角度，用自己的角度來看，而不是從更高的角度來看。

當別人傷害了我們，我們會認爲當事人有責任道歉，身邊的人應該要安慰我們；站在我們這邊；緩和我們的情緒。如果沒有人這麼做，我們就會生氣、悲傷、痛苦，覺得爲什麼周遭的人或這個世界這個樣子，爲什麼沒有人關心我們。不論是過去發生的事，或是現在發生的事，我們都會以自己的角度詮釋事件，但因爲是從自己的角度出發，往往很難看到事情的全貌。

我們認爲發生了這些事讓我們感到生氣、難過或掙扎，但事實上衝擊我們的不在於發生了什麼事，而在於我們詮釋事件的角度引起了自己的負面情緒。大部分的人在講述發生的事（我們認爲不好的事），會很自然地說，別人做了什麼讓我們傷心或生氣的事，因此讓自己感到無所適從或困頓掙扎。但其實並不是別人做了糟糕的事，而在我們看事情的角度，我們告訴自己發生了糟糕的事。

很多時候事情並沒有那麼嚴重，但我們過去未療癒的傷痛和經驗讓我們眼前這件事變得嚴重。當我們開始責怪他人、責怪事件，因此遠離了事件本身的眞相，我們很難站在中立的角度，看到發生什麼事，並因此做出改變。當我們可以中立地看待生命中的事，才能重新下定義。所謂的「負面事件」，會成爲我們學習的過程，成爲看到自己的明鏡。如果可以這樣看待這些「負面事件」，我們只會充滿感謝。

每天的生活都有徵兆、提醒，希望我們看見生命中眞正發生了什麼事，而不是要我們用「受害者」和「責怪」的角度去詮釋事情，我們不要等到發生很嚴重、很痛苦的衝擊，才想到要探討究竟發生什麼事。生命每一天都有提醒，只是我們不知道那是提醒。生命透過負面情緒發出提醒，告訴我們，那就是我們需要改變的地方。

別人說的一句話、發生的一件小事，讓我們產生負面情緒，不要讓它就這樣過去，不要讓它成爲責怪別人的藉口。就算是很小很小的一件事，都帶著讓我們改變的契機。問自己：我有什麼感受？我身體有什麼感覺？我身體有哪裡比較緊繃？疼痛？如果想哭，有憤怒的情緒，不要壓抑。

不過當然不是對對方發洩，而是在自己的私密空間好好發洩。情緒不是要朝對方發洩的，用這種方式幫助自己，自己私下讓情緒流動，好好關愛與安慰自己。

任何情緒出現，我們就好好感受它，但不要再加入任何評論。一旦加入評論，邊想他人對你做了什麼，邊想發生什麼事，只會讓自己陷入更深的負面情緒之中。而且我們大部分的評論，都是站在自己受傷的角度看，並不是事情眞實的樣子。

在感受負面情緒時，請記得更高的力量：神、佛、源頭，在我們的心中，與我們一起，祂的光會療癒我們的心，將我們的痛苦、苦難交託給祂。抒發完情緒，從更高的角度來看這件事：我看到了什麼？我學到了什麼？不論是關於那件事，或是我們自己。

雖然我們沒辦法選擇和控制發生了什麼事，但可以選擇怎麼面對，和選擇看事情的角度。我們看事情的角度會改變對事件的感受。我們看到的，會讓我們知道生活是有選擇的：我們不是受害者；我們能選擇用什麼態度面對，以及用什麼觀點看待和定義發生的事。有時我們會認為，過去發生了某些傷痛才導致我們變成現在這個樣子，或覺得我們會這樣，跟原生家庭有關。

雖然如此，但現在這一刻，我們也可以決定要重新拿回力量，創造一個新的實相。我們的選擇，會讓自己覺得被生命支持或是被遺棄，光是這兩種不同的感受，就會讓我們生命的經歷完全不一樣。

我們就是聖殿；地球是人間天堂

你認為這個世界除了你以外還有一個更偉大的力量嗎？

人們稱祂為神、源頭、造物主、更高的力量、宇宙等。覺察到這股力量很重要，因為生命常常會有太多人為無法控制的狀況出現，很多事不只靠自己的力量可以解決，很多創造要與這股力量一起共同合作。也只有在知道這股力量存在的狀況下，我們才能受到引領，穿越世間的痛苦和恐懼。

我們在生命中都經歷過大大小小的痛苦。曾經好幾個夜晚，我趴在地上，搥著地板，撕心裂肺地哭喊著。不同的事件讓我有很多次的心碎；很多的憤怒；很多的悲傷。我並不害怕感受這些痛苦的情緒，當不舒服的感受出現，我願意進入情緒當中，因為在感受之後，也會有很深刻的寧靜，讓我明白我需要了解的。

但常常在痛苦的過程中，我還是會不禁問神：

「祢在哪裡？」

「為什麼我又進入這種情況？」

「為什麼發生這樣的事？」

為什麼我們會感到痛苦？痛苦是源自於我們的拒絕與抗拒，我們在抗拒當下發生的事。生命中發生了一些與我們期待不符的事，我們「不希望它發生」、「覺得事情應該要有別種發展」的矛盾讓我們感到痛苦。

最痛苦的是，我們覺得自己應該要表現出某種樣子；應該要達到某些目標；應該要做出某些事；應該要有某種生活狀態，卻都沒有實現或碰到阻礙。這種對自己現況的拒絕；對生活的抗拒，以及對生命的反抗，讓痛苦成為我們形影不離的好朋友。

我為什麼會感到痛苦？我可以不要再感到痛苦嗎？如果說，痛苦其實是一場我們「假裝不知道神」的遊戲呢？在信任神，知道我們可以透過祂的雙眼來看此刻的狀況，痛苦就沒有存在的餘地了。痛苦得以存在，就是因為在這個時候，我們選擇假裝不知道神；忘了祂；不信任祂，執意用自己的角度來看周遭，看發生的事，來詮釋我們現在的狀況，痛苦才能存在。

知道神的存在不是只有頭腦的理解，而是讓自己的心和每一個細胞都榮耀那股更高的力量。我們可以感受到自己就是那更高力量的延伸，祂存在我身體中、心中，以及每一個細胞中，祂與我的力量合而爲一。在這種狀態當中，心中對人事物的抗拒就消失了。

但畢竟我們是人，很難無時無刻記得我們與更高力量的連結，百分之百用祂的雙眼來看世界，所以當發生我們不期待的事件時，還是會有無法接受和抗拒的心。但只要知道出現痛苦的感受，並不是我們有問題，而是一種提醒，讓我們知道在生活中，哪個部分需要改變、成長與提升。

我們有選擇權，我們可以用自己的角度，也可以選擇透過更高的視野來理解發生的事。決定權在我們，而且不論我們選擇了哪個，都沒關係，沒有人會評斷我們的對錯，只是我們要爲自己的生命負責，承擔我們做了每個選擇後的責任。

當生命中發生了一些與我們期待不符的事，從人的角度來看是壞事，因爲它影響了我們的「安全感」，衝擊了我們的「舒適圈」，「已知」變成「未知」。但從更高的角度來看，若要成長、提升與擴展，需要突破現有的框架。我們可以在每日的生活中，觀察自己大大小小的抗拒；了解自己爲什麼會抗拒那些事。不妨從小事改變，除了訓練自己的觀察力和理解力，也在訓練自己改變與應變的能力，才不會某天遇到很大的挑戰與衝擊，頓時失去方向，讓自己陷入痛苦深淵中。

除了我們自身的內在力量，還要認知到有一股更偉大的力量，但這股力量也不在我們的外在，祂在我們的內在。記起我們與祂之間的連結；不要再假裝不知道，或選擇遺忘祂。當我們痛苦、迷惘、受到挫折、衝擊和困惑時，只有祂能引導我們走到正確的道路上；只有祂能指引我們找到答案；只有祂能點亮我們內心的光；只有祂能引導我們拿回眞實的力量。我們與祂共同創造生活，如果我們要展現眞實的自己，就是展現祂在地球上的顯像。所以在這裡，我們必須先記起祂，記起我們與祂的連結；知道祂的力量，讓祂透過我們顯現在地球上。

在路克索神殿中，我們更認識自己，看到原來我的身體就聖殿，最神聖的地方。在這聖殿裡充滿了我們的心智想法與情緒感受，我們要如何善待與照顧這個神聖的地方；我們要如何覺察自己的起心動念；如何了解自己的情緒感受，讓我們的身體、心智和情緒能與那神聖源頭一致，處在神聖的平衡中。

當我們與神聖源頭不一致，不處在平衡中，也沒有關係，因爲這才是自然的創造韻律。每一次的失衡，都是爲了下一階段，更高層次的平衡擴張。這是一條看不見終點的旅程；這是一個不斷成長的過程；這是一段跌倒、爬起、跌倒再爬起的路途；這是一次又一次的平衡、失衡、平衡與失衡的經驗。在每一段路途重新開始時，我們都會比上一段更了解自己、更接受自己、更愛自己，也更有力量和有智慧。

我們的旅程，就是「人生」這條道路。只要我們在地球生命的最後不後悔，我們要如何前進、自己以什麼樣的狀態前進，都由我們自己的決定。我們在地球的使命不是要回到天堂的伊甸園；不是要飛到宇宙之中，而是將天堂建立在地球上。我們在神聖的身體聖殿中，每走一段路，就用自己的方式，建立天堂，讓天堂在地球各個角落穩穩地扎根。

在路克索神殿，在「人」的神殿中，我們憶起了自己是誰，記起了自己到地球的任務，原來我們要與神聖源頭共同創造，將祂的意念顯化在地球上，將天堂建立在地球上，讓地球成爲一個美好的樂園；讓人們可以享受它的豐盛物質；讓人們不再帶著羞愧和罪惡感，不用認爲自己不值得、不夠有價值或覺得要與別人爭奪，只需要自然單純享受身爲人的美好。

我們就是聖殿，地球就是人間的天堂。

Chapter 6

| 第六章 |

卡納克神殿

憶起眞實自己

在古埃及時期，路克索神殿前方有一條連接到卡納克神殿的道路，這條道路約三公里，兩排都是人面獅身像。雖然如今已被破壞，但請想像：你，一個開始想起自己是誰、記起任務的你，離開路克索神殿，踏上了這條神聖的人面獅身大道，走向卡納克神殿。

你的每一步都是神聖的；你的每一步都讓你記起你的一個面向；你的旅程帶你進入卡納克神殿，埃及最大的神殿。它是世界面積最大的宗教古蹟，主要供奉埃及的太陽神「阿蒙」。在大神殿中，你進入自己的無意識，讓無意識中的思想與行爲浮現到意識之光中，更清楚地看到與認識自己。

卡納克神殿提醒著我們這生最重要的「使命」：成爲眞實的自己，走在神殿的每一步，進入的每一個房間，都在提醒著我們：記得自己獨特的地方，愛與接受自己的每一個部分。我們在這裡學習什麼是無條件地接受與愛自己，與自己和諧共處。

在卡納克神殿中，在我們生命中出現的人會與我們一起待在這個神殿中，這些人對我們有些看法與評論，我們對他們也有些看法與評論，我們從他們的評論中認識自己，看到評論帶來的不同面向，尤其是我們無法接受、討厭的那些面向，因爲正是那些面向困住我們，讓我們以爲自己是受害者；讓我們對生活感到無力。卡納克神殿幫助我們更清楚看見自己與身邊的所有關係，在憤怒、抗拒與不接受中學習原諒，同時發現原諒也許與想像中的不一樣。

大部分的人都很怕做與衆不同的人。我們很需要他人的認同與贊同，因爲他人的贊同和認可對我們來說注入了一份力量，讓我們更確定自己是誰。但別人的贊同不一定是對的，也不一定眞的適合我們。

我們從小到大有不同的人生經驗，就產生了不同的價值觀，對周遭也有不同的看法，所以每個人就像戴了不同顏色的鏡片，看出去的世界也不太一樣。假如一百個人帶著藍色鏡片，只有一個人戴著紅色鏡片，這時候，大家會認爲這個世界是藍色的，很有可能連看到紅色的那個人也開始懷疑，雖然自己看到的是紅色的，但自己可能錯了，因爲有一百個人看到藍色。

或如果看到紅色的人，堅持他看到的是紅色，很有可能會被那一百個人嘲笑，嚴重的話會被稱爲異端、有問題、和被冠上許多莫須有的罪名。人們很難接受不同，也害怕做與衆不同的那一個，因爲群體的力量很大。那麼爲什麼人們很難接受別人的不同？因爲他們在內心深處，知道自己的不同，但卻壓抑那一面，不敢展現，一直試著要與他人相同，自然也會排斥其他不同的人。

一個懂得自己獨特性的人，能夠展現自己，不期待他人的認同或理解，因此能沒有限制地隨心創造，不會因爲別人的言語或意見而懷疑自己，甚至因此改變自己。但也不是完全不聽取別人的意見，而是會經過自己的思考與衡量，看看意見是否符合自己內心的聲音、是不是適合自己，而不是將其他人的意見照單全收。

當別人批評、指責甚至以言語攻擊我們，我們都會有負面情緒出現，因爲大家都希望被認同與喜歡。但一個很清楚知道自己是誰的人，對自己沒有懷疑的人，是不會被影響的。也許在當下會有受傷的情緒，但也能很快恢復，通常會陷在受傷情緒當中，很有可能是自己也開始懷疑，我是不是像他所說的一樣？或是覺得自己被他人說中了，才會有情緒產生。如果清楚地知道「自己不是他人口中那個樣子」，也不需要得到他人的認同，其實很快就可以一笑置之。

我自己是從兩次經驗中，體驗到原來當我知道自己是誰；說出的話與心合一時，這種對自己及對宇宙的信任，可以讓我對外在的情況一笑置之。這兩個經驗是在同一個星期發生的，我深深地認爲，這就是生命在教導我，讓我看見。

第一次是與當時的伴侶談話，他認爲成功的其中一項特徵就是要成爲知名的人、賺很多錢，但我認爲這要看每個人自己對成功的定義。說著說著，他開始說，在他看來，我從事身心靈的工作只是一種慈善事業，雖然在幫助人，但錢賺不多，不然至少也要很出名。如果名利都沒有就只是在浪費時間，還不如找個可以賺多一點錢的正常工作。

過去的我，在聽到對方，尤其是親密愛人的口中說出這些話，我會立刻認爲對方應該要支持我，而不是說這些話。但在越來越了解自己後，因爲知道了自己是誰；知道自己的價值，也清楚未來的方向，反而能平靜地聽他說。甚至覺得，他說的不是我，他說的只是他的觀點或投射。

我不覺得需要反駁他、捍衛或證明自己，而是能接受他說的話，但這種接受並不代表我接受「我是他所說的樣子」，而是接受「他此刻有這個看法」。我接受每個人有自己的想法，但我不用將他們的想法套在自己身上，因爲站在我的角度，表面上看起來他在講我，但我的內心卻不覺得他說的是我。這是一種很奇妙的感受，一種清楚知道自己是誰，所以不害怕他人的言語評論。

也因爲我接受了，所以他在講了幾句之後就不再說下去了。如果我聽完他所說的話，產生了負面的情緒，覺得需要反駁他或捍衛自己，我相信也會引起對方的反駁和證明，最後就會演變成爭執了。

另一次的經驗是，某次我在網路上收到針對我發表的文章或影片的負面評論。有趣的是，對方不斷地看我發表的內容，再找出其中能批評的部分。剛開始我有一點受傷，畢竟我還是會希望其他人能接受我所寫的。後來想想，每個人都有自己看待事物的「鏡片」，所以有各自看待事情的方式與自己的投射，不可能每個人都與我相應，加上我太清楚我寫的東西，我知道我在創作這些內容時所注入的能量，和裡面隱藏的力量，

反而我希望，讓這些人持續來看吧，我不介意他們來到我的空間。我給自己的信念是：「只要有人造訪到我的空間，不論帶著善意或惡意，讓我的言語可以引發他們內心的愛與良善。」我也了解，有時我的內容會刺激到其他人並引發他們的負面情緒，也許與他們的傷痛有關，這不是我能控制的。但只要我持續下去，相信總

有一天，會在他們心中種下一顆良善的種子，讓他們遇見與他們更相應，並且能幫助與指引他們的人。

這兩次都讓我體驗到：當我知道自己是誰；當我講出的話是我內心的眞理，我就不會認爲需要反駁、捍衛或證明自己。懂的人自然懂，頻率相同的，自然相應。就單純地接受每個人有不同的看法，就算有一些看法是負面的，也不必硬要改變他人。我們硬要他人改變，就是不接受和抗拒他人，改變很難在抗拒中發生。

我們要先專注在自己身上，當別人的評論，讓我們感到受傷或有負面情緒，去了解爲什麼我們會感到受傷，受傷的背後有什麼是我們要學習的？感謝這個評論讓我們有機會更認識與愛自己，並隨時觀察自己內心和行動是否與自己內在的神聖旨意一致，如果是，也會與更多相同的人相遇。

至於其他人，若我們肩負的使命與他們相應，總有一天，他們也會改變。或者我們祝福他們，在他們的路上會遇到與他們相應的人，帶給他們好影響。

怎麼看待世界，就怎麼看待自己

往往我們會覺得如果他人不認同、不贊成、反駁我們，或對我們說「不」，就代表我們不夠好，但其實這只是因爲我們與對方有不同的看法，或是目前彼此的想法不相應，並不是眞的代表我們不夠好。每一個人目前的狀態在現階段都是夠好的，會認爲自己不足，是因爲我們與他人的比較，如果從這個角度看，我們很難有「夠好的」一天。

因爲我們隨時可以找到比我們更好的人。在這個世界上沒有一個人，能在各個方面都是最好的，而且每一個人的標準也不一樣，要一直不斷符合他人的標準眞的太辛苦了。

被他人批判，請記得這是對方的觀點或投射，是他生命中的限制，但我們也要能分辨他們的「批評」，是否可以幫助我們看到自己可以改進或突破限制的地方？如果對方的批判影響到我們的情緒，我們就要回頭過來看，是不是我也認爲自己是這樣？被對方批判的地方是我們可以成長的地方；是能幫助我們更愛與接受自己的地方。當愛與接受自己的不足，以及理解自己的負面情緒後，才有力量改變。

如果他人的批判是源自他們的觀點和投射，就表示我們對他人的批判也是我們自己的投射了。對，所有的批判；所有我們對他人評論的言語都是我們對自己的評論，不論自己是否有意識到。我們會下評論都是根據我們的信念系統、我們認爲與相信的事物來做判斷，光是這一點，我們的評論就不是中立的了，因爲我們是從自己的角度來看事情。

但我們不是對方，沒有從小到大都跟著他，就算是從小到大都跟著對方，也不是在他的身體中去經歷他的感受，由他的思想去想事情，所以我們並不了解他。在不了解他的狀況下，怎麼能說我們的評斷是中立的？所以我們大部分的評論都是從自己出發的。

這世上最美好的禮物就是：世界是我們的鏡子，讓我們從外在的一切看到自己內在的狀態，從外在來瞭解自己。從我們對外在的評論，就可以看到我們是怎麼評論自己或是怎麼批判自己。

某次我在一個影片中看到A與B談話，當B在講他的經驗與看法時，A不斷地打斷他，發表自己的看法。當下我對A的反應感到不悅，心想：「這個A眞不尊重人，很沒禮貌、自以爲是呢！只顧著講自己的，都沒有顧到身邊人的感受，如果是我一定小心注意，讓B先發表完，再找對的時機補充回話。」

當這個想法出現時，我馬上發現了我的批判。我開始問自己：A的行爲爲什麼引發我不悅的情緒？他觸動了我無法接受自己的哪些部分呢？

我開始列下我對他的批判：不尊重人、沒禮貌、自以爲是、有侵略性、愛表現。看著這幾個形容詞，我首先看到我給自己設下的框框，天啊！原來我這樣壓抑自己：我害怕表現，不想出風頭；我非常在意自己的言行舉止，小心翼翼不能影響到人；我要注意禮貌，怕他人會如何看我……。

從小被教導要有禮貌、不能插嘴，這成了限制我的框架、我的道德規範，除了規範自己，也拿著這個標準衡量別人。而在要有禮貌的框架中，我也壓抑了自己「想任意表現」的那一面。我心裡將「表現自我」歸類在不安全、不好的行爲，因爲它很有可能影響到人。

這是我給自己的限制，我只能在我畫的框框中：我要隨時注意他人的反應；不要影響到他人；不要讓他人覺得我特立獨行。這種壓抑，讓我一看到A的表現，便引發討厭他行爲的情緒，但這與A本身一點關係都沒有。其實是因爲我無法接受自己會影響到他人，一直壓抑自己想表現的那一面才會這樣。

A展現出的侵略性也讓我看到，我害怕帶有侵略性的人，因爲在那樣的人身邊我很難發表自己的看法，很難「站穩腳跟」，或也有需要守住「自己的界線」的感覺，所以會感到自己是軟弱或失去力量的。可是反而因爲看到以上這些，讓我有重新「拿回力量」的感覺。

A行爲的好壞對錯不是我可以評論的，但我可以藉由他的行爲引發的情緒，讓我對自己設下的框架從潛意識浮現到意識中；讓我重新看見。當我看見了，知道這其實是我對自己的評論與限制，再回頭去看A，他的行爲就不再會引起我討厭、不舒服的情緒了。

我也可以看到他願意表達自己看法的那一面。這樣的看見幫助我，有意識地選擇與決定我的表現與行爲，有意識地分辨，我的言行會不會影響到別人，而不是一直在無意識中限制自己。

這是很奇妙的一件事，我們對他人的負面感受其實都是對自己的，所有我們無法接受他人的地方，都是我們討厭與不能接受自己的部分；都是我們需要更愛自己的地方。當我們接受這些部分，才可以看到自己和對方眞實的樣子，否則我們都是戴著自己傷痛的「鏡片」在看周遭的世界，看到的都是扭曲的世界，同時也會覺得爲什麼這個世界這麼的醜陋與糟糕。

但如果我們將看著外在世界的眼光，移回自己身上，先看到自己身上醜陋與無法接受的那一面，並無條件地去愛那一面，再去面對外在發生的事，才會心懷理解，也不會想要評斷什麼。在那種狀態下，才可以站在中立的角度給他人眞正適合的意見或幫助。

原諒——放過自己的第一步

在我們的生命中難免會碰到一些傷害我們的人，傷害有深有淺，就算只是對我們說幾句難聽的話，都有可能引起我們的負面情緒。有些人我們早已遺忘，但那些傷害我們比較深的人，我們就很難忘懷。

我們會覺得很難原諒傷害我們很深的人，是因爲除了自己內心很難放下傷痛之外，更會覺得原諒了他們是一種妥協，好像表示我接受對方曾經造成的傷害，如果他們又再犯同樣的錯怎麼辦？也有一些人認爲原諒實在是太便宜他們了，好像代表我們可以忘記這一切，更害怕這就表示「發生在我身上的事沒那麼重要」。

人從小就被植入一個觀念，只要做錯事，爲了要使人記取教訓，我們應該受到處罰，所以錯誤與處罰是畫上等號的。可是，我們卻很少被教導該如何原諒，這也是爲什麼我們很難原諒別人的原因之一。

也許我們認爲對方明明做錯事，不原諒他是一種正義和公道，因爲他做錯了事，應該要被處罰或得到該有的報應，所以我們不原諒他代表：「你應該要記得你做錯了，我有正當的理由不原諒你，這是一種公道。而且你讓我這麼痛苦，我的痛苦是有代價的，怎麼可以這麼輕易就這樣放過你。」

人們往往會站在對與錯的立場，認爲自己是對的，對方做錯了，原諒他等於換個方式說他造成的傷害沒關係，是一種軟弱的表現。但原諒並不是軟弱的表現，反而是力量的展現。原諒也不代表我們認爲對方所造成的傷害是對的。

大部分的人都將原諒的焦點放在對方身上，認爲原諒等同我要放下或接受對方所做的，所以很多時候我們很難跨過內心的那一關。但原諒其實要先將焦點放在自己身上，我們爲什麼要原諒他人呢？第一，原諒是爲了自己，原諒他人是一種愛和尊重自己的表現，看起來像是放過對方，但其實是我們放過了自己。

假如我們內心對某些人有受傷的情緒，像是：憤怒、怨恨、懊悔、罪惡感等，這些負面情緒就像一堆垃圾，堵塞住我們的心，讓我們內在充滿惡臭。這種惡臭會影響到我們的思維和情緒，使我們陷在低頻率中，讓生活充滿無助或無力感。只有在釋放這些負面的想法與情緒後，才能有更多的空間迎接美好的人事物，打開機會的大門。

人就像一個磁鐵，我們的頻率在哪，就會不斷地吸引相同頻率的人事物；經歷同頻率的體驗。這些負面的情緒，是處於較低的頻率，如果我們的身體充滿了這些情緒，也會不斷重複體驗類似的狀況。豐盛、喜悅、美好是屬於較高的頻率，所以我們需要清理心的空間，提昇頻率，與豐盛、喜悅和美好的人事物連結。

所以原諒傷害我們的人，最重要的原因是因爲我們很愛自己。並不代表我們原諒別人，就是相信他不會再犯同樣的錯，而是我們相信自己；相信自己療癒的力量。我們願意打開自己的心，就算未來有可能會再受傷害，但我們知道自我療癒的力量：

我不願意再緊抓著傷痛，因爲這對我的生活一點幫助都沒有。

我不願意再用這些負面的情緒和思想來毒害我的心。

我不願意再拿這些人或事件作爲阻止我往前或提昇的藉口。

我相信不論發生什麼事，我都安好。

這就是原諒的力量。

況且我們若是不原諒一個人、討厭或恨他，對方不一定知道，也不會有與我們相同的痛苦感受，這樣反而變成我們把他當作傷害自己的理由，爲什麼我們要這樣對待自己呢？

當我們被傷害，產生受傷害的情緒，不管外在發生了什麼事，都是一個讓我們更了解自己的機會。我們可以自問：

對方對我做了什麼？

我有什麼樣的情緒？

我覺得我怎樣受到傷害？

這是一個讓我們清理內心傷痛印記的機會。傷痛印記早已存在我們身上，也許是在孩童時期留下的；也許是祖先留下的；也許是過去世留下的；也有可能是集體意識留下的。某個創傷程式儲存在我們身上，藉由這件事引爆，讓我們有機會清理情緒，療癒過往累積的傷痛。

對於傷害我們的人，我們一定會有憤怒的情緒，我們有權利生氣；有權利難過，畢竟我們有受傷害的感受。我們內心一定有很多憤怒、不滿、怨恨；一定有很多話想罵對方、想對他說，最好的清理方式就是將它全部說出來，不要壓抑地全部說出來。不是對著對方說，這些情緒需要出口，但不是將情緒垃圾倒到他人身上，而是自己找一個私密安全、不被打擾的空間，將想說的話一次說出來或寫下來，多難聽都可以，這是我們自己的空間，沒有人會知道。

這是我們把垃圾完全倒給宇宙的機會，祂會帶著愛，幫我們回收痛苦、怨恨、悲傷、懊悔和憤怒。只有宇宙才能提供我們私密、安全和神聖的療癒空間，能夠無條件支持我們，幫助我們將內心壓抑、悲慟和憤恨的情緒全部宣洩出來：

「你以爲你是誰，憑什麼這樣對我！」

「都是因爲你，害我的人生變成這樣！」

「我眞希望我從來沒有遇到你，我眞希望時間可以倒流。」

「你怎麼可以做出這種事，你這個爛人！」

我們有權利生氣與傷心；我們更有權利把想講的話，不管多難聽，全部都講出來。但我們只能對宇宙講，讓祂幫助我們轉化，引導我們從中看到自己、更認識自己。

在我們發洩情緒之前，對宇宙祈禱：「在我發洩的過程中，我會與我的心更接近，我要淸除與這個創傷程式有關的印記。感謝我有這個機會淸理與釋放自己和他人。」

說出想跟對方說的話一陣子之後，我們會進入自己內心更深一層，這層可能與我們過去的經驗有關，或與我們自己有關。也就是在這一層，傷害我們的對象變了，我們可能會想到過去曾經發生類似的受傷經驗，可能我們也會開始說出自己想對自己說的話：

「爲什麼當初我沒有好好保護自己？」

「爲什麼那時我任由他人這樣對我？」

「爲什麼那時我沒有好好尊重和愛自己？」

「爲什麼那時我沒有好好注意，讓這件事發生？」

這時，我們第一個要原諒的其實是自己，原諒對自己不滿的感受。在憤怒和傷心的情緒中，隱藏著我們對自己的批判、懊悔、失望和罪惡感。

關於清理印記，我最喜歡的方式就是重複唸誦《零極限》這本書中荷歐波諾波諾（ho'oponopono）的四句話來清理：

「對不起。」（不管我內在哪個程式創造了這個事件，對不起）

「請原諒我。」（請原諒我在這個過程中如此的無意識）

「謝謝你。」（謝謝我自己和這個件事有關的人，讓我有機會在我的存在中釋放這個程式）

「我愛你。」（讓我返回源頭/神性）

這時候我們會發現，表面上我們的憤怒和受傷的情緒是來自對方對我們做出的行爲，可是在更深層也隱藏著我們對自己的憤怒。可能我們生氣自己沒有好好保護自己；沒有警覺提前發現；沒有好好去處理發生的事，或將自己的力量交給在外在的人事物。我們會看到，原來我們有很多對自己的憤怒和不滿，必須先釋放與原諒自己才能再往前走一步。

原諒的眞諦：圓滿與感恩

在所有傷害我的人中，某任伴侶對我的肢體傷害是唯一讓我很難釋懷的傷害。理智上我可以理解他爲什麼做出這樣的行爲、我能同理他，但雖然頭腦理解了，內心的感受還是很拉扯。後來想想，是我自己一直不願意放下，潛意識認爲緊抓著這個創傷是對他的一種處罰，像提醒他：「記得你做錯事了」、「你害我內心很痛苦」。

雖然想要原諒，卻很難釋懷，因爲我心中一直有「動手就是不對」、「打人就是不對」的想法，所以想起這件事時，一直覺得我是暴力下的受害者。抱著這種想法讓我很痛苦，也讓我的頭腦一直問自己：「爲什麼他要這樣對我？爲什麼我會遇到這樣的人？我到底做錯了什麼？爲什麼會有這種人？」等受害者的想法徘徊遊走。

我一直問我自己，爲什麼我沒辦法完全原諒他？直到有一天，我終於明白了，因爲我認爲他做錯了。「動手就是不對」、「打人就是不對」的想法，讓我沒辦法全然原諒他，也放過我自己。只要指責存在的一天，他就一直是加害者，而我就一直是受害者。

我認為拿回我力量的時間到了，是時候為我生命中發生的事件負責了。如此，我才能往前，不然我會一直被這個傷痛拉扯著。我問自己：為什麼我創造了這個事件？為什麼我創造被人傷害的情節？

除了因為不相信自己值得美好的關係，更多的原因是來自於我對自己的厭惡與自我懲罰。我的內在陰影；我的不信任、不接受、憤怒；我的防衛、壓抑、自我遺棄；我對自己的霸凌與傷害、批判、厭煩、控制，所有對自己的不接受與看不起，最終從我們之間的關係爆發，他只是我內在鏡子的「震撼版」。

在我走上身心靈的道路後，我開始傾向運用我的陰性能量，也就是喜歡與他人連結，在乎與對方的合一感，為了關係中的和諧經常忽略自己的需求，犧牲了很多自己的渴望，只為了融入對方。但那種融入帶著恐懼，想表現自己的理解與愛，去包容、安撫對方的壞脾氣，只是為了讓對方更愛我，或稱讚我是一個好伴侶，也才符合我內在賢慧溫柔的形象。

我所付出的與所接受的並不平衡，這個不平衡引來我內心的匱乏與犧牲感。也因爲這樣，不被尊重等種種負面的感受形成了我的內在陰影和自我否定。我同時也壓抑了自己陽性能量中爲自己發聲、自我展現和設定界線的一面，我的陽性能量是憤怒的，以致於最後暴力事件爆發，我的陽性能量也沒辦法保護我，只能冷眼旁觀。

如果我壓抑了我內在的陽性能量，代表我會無意識壓抑對方的陽性能量，我只願意接受對方的陰性能量，也就是偏愛他融合與連結的那一面。出於恐懼，我只希望他與我連結，卻沒有引導自己與他內在的陽性能量和陰性能量合一。在這種情況下，我們的關係成爲一種互相控制的依附關係，他的陽性能量恐懼與憤怒了，因此開始攻擊我。

最後我也看到，我創造我是受害者的劇情，是因爲當時的我等待被保護、被拯救，而其實我在等待的，不是別人，就是我的陽性能量的保護與救援。也只有在我看到，我需要的是自己的陽性能量的保護，我才能跳脫受害者情節。

這是一齣複雜的戲碼，我花了好長一段時間才看清發生了什麼事。但會演變成這樣，也是一路以來，我忽略太多的徵兆與警訊，最後才引爆出激烈的暴力事件。

事實上，沒有任何人對我做什麼，一切都是我自己吸引來的。我爲了喚醒沉睡的自己，與黑暗做了約定。

生命中，所有發生的事情都是有原因的，我們認爲的壞事，其實可以幫助我們更了解自己、幫助我們成長。很多「壞事」和「傷害我們的人」，其實可以讓我們學習自己的課題。傷痛不是要讓我們陷在裡面，而是一個幫助我們清除印記的機會，讓我們更了解自己、了解愛。

從更高的角度看來，沒有人眞的「做錯事」，每個人都在各自進化的道路上。某些會做出傷害行爲的人，內心其實是困惑與恐懼的，他們不知道自己是誰，也受過很多傷害，不知道如何處理自己內心悲憤的情緒，內心憤怒與報復的感受只能藉由傷害他人，才能使自己好過一點。

一個知道自己是誰的人，不會做出傷害人的行爲。只有迷惘的人，因爲內心充滿陰影與恐懼，才會做出傷害人的舉動；才會無意識做出他「認爲對的事」或「他覺得該做的事」，因爲他看不到有別的、更好的方式。

我們都可能做出，我們在這世界上看得到的所有行爲，但因爲每個人的智慧和過去的經驗不同，讓我們在生命中做出不同的選擇。我們都在成爲眞實自己的道路上；我們的起點都是不知道自己是誰，終點都是成爲眞實的自己。有些人快一點；有些人慢一點，但我們都在這條路上，我們都曾經是加害者與受害者。

在還不知道自己是誰的階段，理所當然會因爲無意識、出於恐懼而做出一些行爲，我們每一個人都會經歷過這個階段。我們會對傷害自己的人這麼憤怒是因爲，我們內在有過去「被傷害的印記與傷痛」，就是藉由這些引發傷痛的事件，來幫助我們釋放過去內在創傷的印記，讓我們看到：「我是自己生活的創造者」。

如果我們願意再更深入一層來看，還應該感謝發生這些事呢！因爲這些人或事讓我們成長，並讓我們更了解自己，知道我們的力量，讓我們有機會清除過去植入的傷痛程式。如果我們站在「覺得需要原諒對方」的角度，代表我們有受傷害的感覺或情緒。

因爲要去原諒，表示有人「做錯事」，但如果對方只是幫助我們看到一些事，讓我們更了解自己呢？如果他們的行爲，其實是爲了幫助我們找到並展現自己的力量，同時看到自己更多的面向，而成爲眞實的自己呢？

如果能這樣看待發生的事件，原諒就不再只是原諒對方，而是一種感恩，感謝這些人或事，讓我在當中得到禮物。這份禮物可能是成長；可能是認識自己；可能是拿回力量；可能是懂得愛。每個人都在這些事件中得到他的禮物。

現在的我，非常感謝當時的「黑暗事件伴侶」，因爲他讓我更認識自己；讓我更了解自己在生命中的渴望，最重要的是，因爲他，我才懂得什麼是「拿回自己的力量」，不再自認爲是生命中的受害者。

只要我們願意眞心感激，就會知道傷害當中的禮物是什麼，也會很感謝傷害過我們的人，在這種能量中，我們打開了圓滿的大門。

在卡納克大神殿，我們看到出現在我們一生中的人都是我們的鏡子，讓我們從與他們互動的過程中，看到隱藏在自己內在的部分：那些我們接受與不接受自己的部分。如果不是他們，我們不會知道自己的潛能是什麼，如果不是他們，我們不會懂得什麼是無條件的愛。

所有對他人的指責、不滿、憤怒，不只造成我們與他人的分離，更造成自己內心的分裂，在無力與無奈中，我們淪爲受害者，並不斷重複同樣的事件。要停止這個輪迴，我們就要負起責任，了解發生的事件是在幫助我成長擴張，療癒過去的內在陰影與傷痛，才能眞正看清發生了什麼事，也可以明白，我們不需要從痛苦與創傷中學習。

我們生命中創造出的傷痛衝擊是因爲自己沉睡了太久，如果我們能在生活中的每一天，帶著意識、注意身邊發生的事，不指責與評論他人，而是觀察自己對事件的情緒起伏，了解自己如何做決定與行動；愛自己的每一個部分，就能體會到宇宙對我們的支持。

宇宙的支持和愛一直都在。

Chapter 7

|第七章|

丹德拉神殿

愛：先從重視自己開始

二〇一九年生日那天，我在丹德拉神殿度過。丹德拉神殿是供奉女神哈索爾的神殿，哈索爾女神掌管愛、音樂、藝術、喜悅和享受。丹德拉神殿壁畫的色彩保持最完整，所以那天我一走進神殿，看著柱子與牆壁上美麗的雕刻壁畫，有種哈索爾女神與我一同慶祝生日的感受。二〇一八年之前，我對哈索爾女神不是很了解，但在二〇一八年那年與伴侶一同去了埃及，在旅程中，我的伴侶與眾多人猜拳，贏回了一個哈索爾女神像，之後他將那個女神像送我，我因此開始與哈索爾女神有更深的連結。

哈索爾女神傳遞的其中一個教導是如何將生活變成藝術，藝術是靈魂深處的表達與展現，也是我們如何在生活中加入更多美的事物，用心去愛身邊的一切，以及如何用身體的感官去體驗與享受，得到喜悅。因爲哈索爾女神，讓我更認識關於愛與愛自己，所以在生日這天來到丹德拉神殿，對我來說是一個美好的祝福。

丹德拉神殿象徵我們的心輪，也象徵愛與喜悅。我們常常沉浸在愛與喜悅中嗎？或者我們看世界的角度都從恐懼出發，常常處在匱乏、焦慮與緊張當中？我們了解愛是什麼嗎？或者我們都用自己的方式愛對方，當得不到同等的回應，就覺得是一種犧牲，充滿不平衡與受傷的感受？

在丹德拉神殿中，我們進入心的聖殿，打開心房，流露出對自己的愛。這份愛將我們的人性轉化爲神性，將我們有條件的愛，轉化爲無條件的愛。

愛是什麼？

一說到無條件的愛，我們都會認爲父母對孩子的愛是最偉大與無私的。的確，大部分父母對孩子的付出是無怨無悔的，但在無怨無悔中卻參雜著許多的期待、盼望和要求，其實這種愛還是帶著條件的。雖然父母心底都愛著孩子也接受孩子，但當孩子表現出不符合他們期待或要求的行爲，他們會生氣憤怒；會責罵或拒絕孩子，讓年幼的孩子以爲自己是不被接受和不被愛的。

每個父母的心中都各有一套「模範孩子」的標準，對孩子的教導，就會儘量依照這個標準，塑造孩子成爲自己心裡的模範形象，而不是眞正看到孩子的本質，依照孩子的需求給予陪伴和支持。

當孩子的行為符合父母的期待，他們會感到開心驕傲，可是一旦孩子的行為不符合他們的期待，他們就會有負面情緒。因此父母的情緒起伏和孩子的行為表現息息相關，父母應該要常常問自己：「我是否將開心或不開心的原因建立在自己的孩子身上？」

身為孩子的我們也常常要問自己：「我是否會為了要讓他人愛與接受自己，而勉強自己做一些不願意做的事，或是對外表現出另一種樣子？」、「我是否也像父母過去對待我的方式一樣，對別人或是我的伴侶，也會有所期待與要求，認為他們必須要做出某些事，或者表現出某種樣子我才會感到開心？」

我一直在學習愛；我每一段的感情都在粉碎我對愛的錯誤信念。

也許因為我是女孩子吧，我從小對愛情有許多幻想，希望長大後能遇到一個美好的伴侶，自己也設定了很多未來伴侶的條件。我們通常會設定「理想條件清單」，因為我們以為這些清單上的條件都成真的話，我們就會幸福快樂。殊不知那些條件不一定真的適合我們，也不是我們內心真實的渴望，而是我們被社會價值觀和標準誤導所產生的。

設定條件並不是不好，條件像一個指標和方向，讓人清楚知道自己要或不要什麼，但如果太看重這些外在條件，或者只注意和搜索清單中的條件，反而會成爲一種限制，讓我們眼光變狹隘，看不清一個人眞實的樣子，更有可能會使我們錯過眞正適合我們的人。

就算我們設定的「伴侶條件」都成眞，但其實這也只是伴侶的「外在條件」。在進入一段關係後，這些條件都有可能改變，或者後來發現對方與我們當初想像的不一樣。那時我們不是要求得更多，或想要控制對方，就是會因爲期待落空，轉而對關係感到失望。

我們眞的有好好問過自己，爲什麼我列出這些條件？我定下這些條件背後的理由是爲了什麼？我是否因爲缺少了什麼，希望對方可以滿足我？或是我希望藉由對方完成我的某些渴望和夢想？

如果我們是因爲自己缺少了什麼，而希望對方可以讓我們的生命完整，或幫助我們完成自己的渴望或夢想，在進入關係後，我們會需要一直去控制和改變對方的行爲來滿足自己，或者委屈、勉強自己配合對方來得到他的愛，最後只會讓雙方都感到不快樂也充滿壓力。

在年輕時的幾段情感關係裡，我都被細心關心與照顧。讀書時，大家時間比較多，也沒什麼生活的煩惱與壓力，所以那時男朋友的時間和關注自然也都在我身上。他們會儘量哄我開心，讓我感到幸福，但也因爲這樣，使我認爲我快樂和幸福與否，建立在對方是不是對我溫柔、體貼和照顧我之上。

當我不開心時，希望對方能哄我開心，他是我的愛與幸福來源。我心情不好時，希望對方能陪伴我。當對方不夠關注我，我就會覺得自己不受重視，也會感到不快樂。我把情感完全寄託在對方身上，也常常因爲覺得自己心情不好，而提出無理的要求，希望對方可以陪伴我，或是說些話哄哄我，或做點讓我開心的事。

當上天覺得我該學習「愛」這個課題，就派出最適合的導師出現在我生命中。我進入了一段「被忽視」的關係後，才了解愛與幸福不是來自於伴侶。

在那段關係中，對方沒辦法支持和照顧我的情感，他並不像之前男朋友那樣浪漫或貼心，也無法給予我所需要的關愛，加上他對我選擇身心靈作爲志業也以冷漠的態度回應，我與他之間缺乏心靈層面的談話，讓當時的我非常不快樂和不滿足。

但也因為這樣，我才想去瞭解：到底我們的關係怎麼了？

如果沒有遇到他，這樣一位無法照顧和關心我情感的伴侶，我沒辦法學習到愛與快樂的源頭其實是來自於自己，而不是對方。如果沒有遇到他，我無法明白，要求伴侶讓我幸福快樂，其實是將自己的力量交給他。因為當他的一舉一動可以決定我的喜怒哀樂，我反而容易產生無力感，也會覺得自己是關係中的受害者。

如果沒有遇到他，我不會瞭解無論對方再怎麼做，都沒有辦法滿足我的需求和期待。就算他達到了我的期待，我只會提出更多要求。只有我給自己的愛、關注和照顧，才能眞正令自己感到滿足。

我曾以為找到符合我條件的伴侶，我就會幸福快樂。但那時我不知道的是，就算遇到了這樣的伴侶，我的要求只會越來越多。有了溫柔，會希望他更溫柔；有了體貼，會希望他更體貼；有了呵護，會希望他給予更多的呵護，我的要求會像一個無底洞，永遠不會感到滿足。因為這就是我們大腦習慣的思考模式，或者看事情的角度：總是看到匱乏不足，總是期待更多、更好，沒有滿足的一天。

但在我開始懂得愛與照顧自己後，我才終於懂得珍惜伴侶對我的愛，以及感激他的付出。

也許在那段感情中有很多的不快樂，但其實那都是因爲自己的限制。回過頭來看，我反而很感謝能遇到一個會忽視我的需求，以及無法給予我期望的愛的伴侶。我因爲被對方忽視，而學會重視自己、專注在自己身上，成爲自己情感的支柱。

親密感的起點：與自己緊密連結

在經歷過那段「被忽視」的關係後，我明白愛與關注的源頭來自於自己。有趣的是，在我目前的關係，對方很關注我，在心靈層面上，我們更是無話不談。我們可以暢談對自己和對生命的看法；談在生活中和靈性上的看見。我們也一起打坐、修行、參加心靈成長的課程，但我沒想到，這一點後來變成了我的盲點和執著。

我很喜歡我們互相分享的契合與親密的感受，所以我開始很在乎我們是不是同步成長。我和他一共去了兩次埃及的靈性之旅。在邀請他一起去之前，我都是自己一個人參加團體。自己一個人與親密伴侶陪同有很不一樣的感受。當我自己一個人旅行，我可以安靜在我自己的世界中，獨自去感受周遭的一切，觀察周遭新鮮的人事物、接收訊息。與他一起去的感受完全不一樣。在旅程中他是很重要的夥伴，他反射出我內在很多困頓與掙扎的情緒，但也因爲這樣，我們更了解彼此，也藉由這個機會不斷分享和交流內心的學習和看見。第一次一起去埃及後，我們都有很大的提升和轉變。

一年後，我又有一個機會去埃及，所以我問他要不要一起去。我知道如果我們一起去，不只可以留下一個美好的回憶，也對我們個人和兩人的關係會有幫助。他當時因爲某些原因，並沒有很想去，但敵不過我再三勸說，他答應了。對我來說，我認爲這是另一個很好的提升機會，他去的話只有好處，而且當我進步、成長了，或是在旅程中有新的學習和看見，我希望他也在我身邊共同經驗，我非常喜歡那種一起經驗、一起分享的親密感。

我覺得如果這次他沒有一起來，好像就會錯過什麼。因爲埃及對我來說是一個重要的地方，加上第一次與他去埃及又和我自己去的感覺很不一樣，所以我對「與他一起去」的經驗產生了執著。

第二次的埃及靈性之旅也充滿了驚奇有趣的體驗，我們各自也很有收穫，但在回來後的幾個月，他的生活開始有了很大的轉變和挑戰。有幾次他焦慮時，他會對我說：「都是你叫我去埃及，我心裡並沒有想去，但我爲了你去，現在我變成這樣。」

在他說出：「都是你叫我去……」之後，讓我開始好好深思：「我做了什麼？」。我一直認爲這麼做是好的、是對的，在我看來他在過程中也眞的有收穫、有改變，但最後卻變成他覺得是我硬拉他去。在我看來是好的，但站在他的角度，當他有壓力時卻成爲怨言。

我回到我身上，開始探討爲什麼我一定要他跟我一起去埃及？

在我踏入身心靈領域後，我一直希望能有在身心靈方面可以談得來的伴侶，可以互相分享彼此的看見。尤其是因爲我與之前的伴侶，都沒有這種心靈層面的談話，所以更想緊抓住這種感覺。但我沒有發現，這個希望不是來自我的「滿足」，而是來自我的「匱乏」。

因爲之前的感情關係中，我無法與伴侶分享身心靈方面的看見，所以這種失望讓我有了新的渴望：我希望有一個對身心靈也有興趣的伴侶。但我卻沒有先問問自己：爲什麼我需要一個對身心靈也有興趣的伴侶？在這個渴望的背後，我眞正的感受是什麼？

原來，我希望有一個對身心靈同樣感興趣的伴侶，是因爲我想要那種「親密契合」的感覺。我渴望那種「他懂我」、「我懂他」、「我們不用多說什麼，就心有靈犀一點通」的默契，而不只是生活上的契合，最重要的是我們心靈層面也能契合。我想要的其實是，從彼此的互動中得到那種親密感。

原來我要的是「親密感」，而我缺少的這份親密感其實是因爲我與自己的關係。我與自己不夠親密，才會想要從我與伴侶間的連結來得到親密感，但這也成爲我緊抓著伴侶不放的枷鎖。我需要做的是：先建立與自己的親密感，如此一來，我才不會想去控制、強求和執著維護與伴侶的「親密感」。

那時我邀請伴侶一起去埃及，是因爲不想錯過再次一同體驗的機會，我希望我們能一起成長，同時也不希望因爲我多了這次埃及的體驗，讓我們在成長的道路上產生距離。但後來發現，當我專注在自己身上，他也專注在他自己的身上，即使我們各做各的事，卻還是會有類似的體驗和看見。我在生活上常常有一些發現沒有與他分享，但在隔幾天後，他卻與我分享類似的體驗。

我曾經渴望的親密感，其實並不是我與伴侶間的親密，而是我與自己和與神之間的親密感。而只有在我與自己有親密的連結，我與伴侶間才會自然而然產生親密感，不再需要控制和強求。

經過那次埃及旅行的經驗，我對他說：「以後我會注意，不再以任何方式去控制或說服你。你有你的想法、你的方式、想走的路，我會尊重你的選擇，因爲我知道最重要的是，你會聽從你內心的指引，而不是我的指引。我的意見永遠不會比你內心的指引更適合你，我不想當左右和改變你的人，我想當支持你聽從內心指引的人。我信任神；信任我自己；信任你。」

眞愛——擁抱我們的不完美

我年輕的時候，很不喜歡當時的男友抽菸，覺得抽菸對身體不好，逼迫他戒菸，讓他只能背著我偷偷抽，因爲被我抓到的話，當然免不了一番指責。我當時認爲，要求他戒菸是很正當的理由，抽菸畢竟對身體不好，我也認爲對方如果愛我和在乎我，至少可以爲了我改變。

以往在關係中，我會希望彼此在各方面能越來越好，尤其應該幫助對方改掉一些「我以爲」的壞習慣。我想幫助、提醒、鞭策對方，看到不對的、要改變的，就直接提出來，很多時候我不是採取溝通和討論的方式，而是以指責的語氣，就像媽媽告訴小孩哪裡做錯了一樣，直言不諱地告知伴侶應該怎麼做。

但這種「我爲了你好，所以希望你改變」的態度，反而會造成兩人的隔閡，讓彼此在心中隱隱有生氣或不滿的感受。對方會認爲沒有被我接受與尊重，也會覺得我不夠信任他或是妨礙到他的自由，而我會認爲他講都講不聽，改變有那麼難嗎？

我一直看不清楚彼此的關係怎麼了，我一直認爲像「抽菸」這種明顯的壞習慣，絕對不是我的問題，因爲我們爲了健康，理所當然該戒菸。我抗拒伴侶的「成癮」，所以會對此有強烈的反應，我帶著抗拒，使得生命替我帶來更大的試煉，要我看見內心的「抗拒」，而讓我遇到有「毒癮」的伴侶。

曾經的我不認爲對方任何上癮問題與我有關，問題都是因爲對方用錯誤的方式（成癮）來逃避內心的傷痛。從剛開始的好言相勸，因爲講了沒用，勸告變成指責、辱罵等負面的方式，最後只好黯然離開這段關係。但我雖然離開了上一個「成癮」問題的伴侶，卻總是在不知情的狀況下，碰到有「成癮」問題的伴侶，再度進入了一段更糟糕的關係。

到底發生了什麼事？爲什麼我又再度進入了我想逃離的關係？

這段關係剛開始的時候，我也用同樣的方式：從勸說到指責與限制對方的行爲，甚至要求對方去尋求專業的幫助，但狀況只是越來越糟。

我希望能幫助對方，但在看到對方不負責任的行爲，我又會有所抱怨，或有不開心的情緒，雖然我會用靜坐等方式釋放這些情緒和想法，但對他不滿的看法並不能像清潔灰塵一樣全部清除。

人與人相處越久，越容易看到很多不滿意的地方，接著我們內心就會認定「他是這樣的人」。當內心認定後，我們會在他身上找出更多「證明」，對他講話也會變得越來越直接和不客氣。當我內心已經完全設定「他就是這樣的人」，在與對方相處時，我也只會把對方看作自己認定的那種人。

我雖然會靜坐，做釋放情緒的練習，但我一直都沒有清除我對他的偏見。其實每個人在每一天都有改變的巨大潛能，但如果我們內心一直緊抓著自己所認定的「對方的樣子」，我們就很難看到對方的改變，因爲我們會隨時提醒他：「你就是這個樣子」，讓他也以爲自己是我所以爲的樣子。

在這段關係中，我看到自己因爲不滿對方的某些行爲，對他說話的態度就不太好，加上因爲心裡有不滿，所以會隨時提醒對方有什麼要注意的地方，但這對他卻不是一種幫助，而是我對他的不信任：我認爲他需要我的幫助，同時也傳遞給對方一個訊息：我認爲他沒有辦法、他沒有能力。

在任何的關係中，我們很容易會想給對方意見或是幫助，卻沒想過，他是否需要這些意見和幫助。我們因爲不信任對方，認爲他做不到或做不好，所以需要我們的指導和提醒。我們以爲這是對他的支持，但長久下來，只會讓對方依賴我們，也可能引發他對我們的不滿和憤怒，因爲我們這些行爲都在削弱對方的力量。

在之前的那段關係中，我常常會跟對方說：「我覺得你應該要做……」、「我覺得你這樣不對……」、「你爲什麼要那樣做？你應該要……」。我以爲我在幫助他，但其實我內在不信任他，我一直在我的內心加強他的失敗形象，因此對方也會不斷出錯，證明他符合我內心看到的那個形象。

後來我發現，自己花了太多的精神、力氣和心思在幫助對方，希望他能改變和變好，卻忽略了要愛護和照顧我自己。我一直認爲，只要對方變得更好，就可以讓我開心，然後替我帶來安全感。

在關係中我們常會害怕、擔心和恐懼某些事，其實恐懼的核心和我們的安全感有關，可能是對於經濟方面、情感方面，或健康方面的安全感。當對方表現出的某些樣子，或做出的某些行爲會降低我們的安全感時，我們就會感到緊張，尤其是當我們把安全感的來源寄託在對方身上，更會覺得需要去控制和改變他的行爲，來讓我們安心。

我曾經將伴侶看成未來的依靠，視他爲情感和物質的安全感來源，所以才會需要確認對方可以滿足我的條件，但這卻成爲彼此的壓力。而且我自以爲是的「幫助和指引」，對他而言只是一種「干涉與干擾」。因爲我的幫助和指引，是出自於我的「恐懼和匱乏」，並不是出自於對他的「滿意和激勵」，其實根本的原因是我「不相信他的力量」，而不是「看到他的力量」，所以他接收到的「幫助和指引」，效果不大，他也很難因此做出改變。

這些經驗讓我學習到，要將焦點轉回自己身上：我的需求、我的渴望，是我自己與上天合作創造的。在我感到慌張、不確定、焦慮與害怕時，我都會重複唸著：「God is my source.（神是我的源頭）」，然後心情很快就會平靜下來。

在我誠實自我探討之後，發現在我自以爲「爲了他好，希望他改變」的背後，其實隱藏著我內心的渴望：「想改變自己，卻不知道如何開始」。每個人在生活中都有想改變和提升的面向，但很多人會覺得改變自己很難，或不知道如何做出改變，也有可能想要改變，但因爲必須先面對自己有不夠好和做不好的那一面。爲了逃避看到「自己不夠好」的痛苦，就將「需要改變」的焦點轉移到別人身上，去注意身邊的人有什麼地方需要改變、進步和提升。

因爲以爲自己無法做出改變，或不想面對自己眞實的狀態，然後承認自己還有不足，加上要求他人改變相對比較容易，只要出一張嘴就好了，所以我們開始敦促別人改變，我們都以爲只要別人改變了，自己就會跟著變好。

但事實並非如此，當我們想要改變自己生活中的某些面向，我們必須先改變自己，如果希望別人代替我們做出改變，我們會需要控制他人的行爲，也很容易變得沒有安全感，不容易感到快樂與滿足。最重要的是，我們根本無法隨時控制別人的行爲，要求他人按照我們的需求和計劃去行事。

說眞的，如果每個人都專注在自己的生命可以如何擴展，以及生活中需要改變的地方，其實並沒多少時間可以控制別人的行爲。此外，如果我們都專注在提升自己，一直不斷地突破，那份動力會啟發與感動身邊的人，遠遠比在一旁控制對方的影響力還要深遠。

但對於某些眞的會危害到對方本身的健康，或會造成他生活很大影響的事呢？我對理解成癮行爲，學習到很多，大致可以分爲三大階段。

因爲我曾對「成癮」有很強的抗拒和批判，我將之歸類爲「壞習慣」。因此在我的能量場中，這股抗拒的能量需要被平衡、中和然後釋放，但我並沒有這麼做。我一直認爲「成癮」是錯誤的行爲，而非常反對，所以我一直散發低頻率能量。除了認爲成癮是「錯誤的」，我又強烈想改變它，所以我不斷遇到「成癮」的伴侶，讓我看見我內在的抗拒。

在第一個階段：我不斷指責對方，覺得對方需要戒掉壞習慣，並認爲我是對的，對方是錯的。當我再次進入類似的關係，我知道在這段關係裡，一定有某些事情我沒有完全釐清，也發現因爲我不接受「成癮」，讓我不斷遇到做出這個行爲的伴侶。

行爲，已經是「果」了，不接受或想改變「結果」只是在浪費精神和能量，所以我開始學著釋放我對成癮的不滿和批判，開始去理解造成對方行爲的「因」，也就是爲什麼他會這麼做，學著以同理心看待。這是我第二個階段，我不再批判他的行爲，而是理解與同理行爲背後的原因。在理解的同時，我比較可以接受他，但「成癮」狀況還是不時發生，他的行爲還是沒有變化。我不禁問自己，我到底該怎麼做？

直到我再次閱讀《零極限》這本書，書中談到我們要對自己生命中所有發生的事負起責任。我們對所有的問題都有百分百的責任，毫無例外，沒有任何的藉口。意思就是說，當我們身邊的人有了問題，我們要問自己：「我的內在發生了什麼事？」對自己生命中的狀況負起責任，並整理釐清。他人的問題，反射出我內在的問題，這些問題其實都只是顯示出彼此錯誤的記憶和程式。

我們會在別人身上看出這些問題，也就是出錯的程式，代表在我們身上也有同樣的問題。這並不代表這個人「不好」，他只是在播放我們共同的錯誤程式。我們要做的就是負起責任，清理這個錯誤程式，對自己說：「我愛你，對不起，請原諒我，謝謝你。」

因爲人類的心智只能處理事務，不能解決內心的問題，《零極限》作者，伊賀列卡拉提出，運用我們內在的神性，平衡和淨化所有造成問題的能量。我們不一定要知道問題或錯誤的細節，只要我們覺察到問題，再開始清理淨化就可以了。

有趣的是，我在二〇一〇年時就讀過這本書了，但當時我對於書中的說法並不是很了解，也不懂爲什麼簡單的四句話就可以清除問題。我只是翻了翻內容，覺得不錯就放在一邊。經過多年的人生碰撞，加上學了許多身心靈療癒的方法，再回想當初讀到的內容，我才終於了解這簡單的四句話中蘊含的深刻意義。也只有經歷過這一切，才更能明白這四句話的寶貴之處。

當我重新閱讀《零極限》後，我終於瞭解，這一切不完全是對方的問題，而是我內在的記憶重播，而他表現出的行爲，只是一個讓我看見與清理過往傷痛的機會。也許外在看起來是他的問題，但其實是我的內在記憶與能量場中有需要清理的能量。我願意負起責任，主動去重整我的內在，而不再認爲「別人應該要改變」或「他應該要呈現我理想中的樣子」，只爲了讓我感受好一點。

就這樣簡單的四句話：「我愛你，對不起，請原諒我，謝謝你」，奇蹟似地清除了我多年來的困擾和問題。更神奇的是，在我開始運用這四句話進行清理後，對方的成癮行爲也停止了。「毒癮」課題從此在我的生命中消失了。這就是我的第三階段，接受與承認外在的問題的根源是我內在某些記憶需要平衡，所以我負起責任，開始清理它。我不一定了解問題的原因或問題爲什麼產生，因爲問題往往不是只憑聰明才智就可以解決，但透過神性的接納力量，問題的根源會被清理與平衡。

在這三階段的過程中，我終於看到：當我無法接受某種行爲，我的批判帶來破壞，但破壞卻幫助我打開我的視角。有些習慣或行爲，在我們看來或許是不好或錯誤的，尤其當我們看到親近的人有這些行爲或習慣，更會覺得爲了他好，我們就一定要指出問題、提醒他、幫助他改變，可是如果對他來說，他不認爲有什麼不好，或他不想改變，就算我們有再多正當的理由，這個問題也許就不是我們目前能干涉的。

最重要的是，我們批判他人的行爲，其實是要我們自己負起責任，這是我們相似的內在記憶在重播，所以我們才會看到別人的問題，並加以批判指責。我們需要清理與釋放，只有在清理過去記憶後，我們才能看清楚發生了什麼事。如果對方眞的需要幫助，也才能給出適當的支持，否則我們只會依照自己的「偏見視角」，給予對方「不適合」的幫助與支持，最後也只會給彼此帶來不好的影響。

我們不是對方，不知道他的生命是怎麼安排的；我們不是對方，不知道他內心眞正的感受是什麼。也許我們以爲的錯誤道路，卻是他人生必經的過程，因爲只有在「錯誤」中才能學習到他所需要的經驗。我們所認爲的「錯誤道路」，不一定是眞理，那只是從我們的角度來看，也許從他生命中更高的角度來看，那卻是「正確的道路」。

我們可以做的是，先反問自己：「我的內在發生了什麼事，所以外在世界呈現混亂的狀況？」然後爲我們所看見的負責。我們的評論、批判、責怪都不能解決問題，只會讓我們一次又一次遇到類似的事情，直到我們願意放下批判和抗拒，接受我們所看到的都是自己內心的投射，是長久以來累積記憶的重播，而我們的任務就是要清理、平衡和釋放這些過去的記憶。試著從中心點，也就是中立的角度，看這一切，再重新選擇自己要創造的。

對於所愛的人，最好的方式就是爲他和自己祈禱，信任彼此的內在指引和更高的力量，會帶領我們在困頓、痛苦和挑戰中拿回力量，讓我們成爲靈魂渴望成爲的人。

愛，只有在眞正懂得愛自己後，才能知道如何給予、才懂得如何去愛。在那之前，我們的愛都帶著匱乏、要求和期待，都需要對方達到某種條件來滿足我們、讓我們開心。

我曾經渴望深刻的愛，想尋找眞正的愛情；一種很純眞的愛。在經過關係中反覆的衝突、困頓、掙扎，經歷了無數次的失望，終於讓我從外在的尋找轉回內在。原來，我要的愛，那種深刻、不離不棄與無條件的愛，一直在我心中。

怎麼做才是愛自己？我們常常聽到愛自己這三個字，但該如何愛自己呢？其實，愛自己可以分爲三個部分：愛我的身體、情緒和想法。我有沒有好好照顧我的身體，給它健康與適合的飲食，讓它有足夠的休息和運動？我會不會肯定與讚美自己，看到自己美好的地方？我是否經常做讓自己開心喜悅的事？

最能知道我們是否愛自己，是在我們面對自己的缺點、不完美、失敗、低潮、空虛、挫折……的時候。在身體健康出狀況或身材變形走樣；在負面情緒和想法出現時，我們能愛與接納那樣的自己嗎？去愛與接納自己這些面向，需要一次又一次的練習，因爲這個世界不接納我們的那些面向。

這是一段愛的旅程，我們無須厭惡、指責和批評自己，而是帶著愛與溫柔的心，支持、鼓勵和陪伴自己。不需要費盡全力維持自己正面與美好的狀態，而是能接受陰暗與脆弱的自己，信任自己能渡過一切低潮，相信自己會從中蛻變，不管時間多長，就是信任自己。如果我們能這樣對待自己，我們對自己的愛，就從有條件的愛昇華到無條件的愛了；如果我們能這樣對待自己，就會懂得如何眞正去愛與對待他人。

在丹德拉神殿中，我們進入自己心的聖殿，在象徵愛與滋養的哈索爾女神面前，對自己說：「我願意全心投入地愛自己，進入無盡深層的愛中，看見無條件的愛的可能性，以前所未有的方式盡全力愛自己。因爲只有我，才能給予自己渴望的愛，只有我給我自己的愛，才能讓我感到眞正的幸福與滿足。

我想看到自己一生可以如何深愛自己，愛自己的人性；愛自己的黑暗和陰影；

愛自己的過錯和缺點……。只有當我能如此深愛自己，才能如此深愛他人，只有在我完全投入對自己的愛，才眞正懂得如何去愛萬物。

看到我的成功和風光，要愛與接納自己美好的那一面是非常容易的事。在看到自己犯錯和失意，顯現陰影和缺點時，要批判和討厭自己的陰暗面也是很容易的事。但我下決心，選擇另一條路，進入愛的道路，在我這一生要感受愛的深度；看到愛的無限可能性，並感受自己給予自己的無條件之愛。

我願意成爲自己的榜樣，在生命的最終，回顧過去，在吐出最後一口氣前能滿足地說：「我沒有任何後悔，來地球成爲人類，我眞的愛與接受我的人性，愛每一個部分的我，也終於懂得愛人。正是因爲我的人性、我的不完美、我的身體、情緒和心智，我才能學習到無條件的愛。」

在丹德拉神殿中，我們眞實看見自己。除了看見自己的美好，更能帶著理解的心看見自己不完美的部分，也因爲這樣，我們才能看到他人美麗的靈魂。

愛，幫助我們穿透眼前的幻象，看見每個人心中的力量。

愛，讓我們專注在人們的勇敢、韌性、柔軟、自信與有力量的一面，而不是他們懦弱、防衛、頑固、自大、自卑與無力的一面。當我們只專注在他人呈現的不完美或問題上，只會放大不完美。我們對他們的不信任，也是在剝奪他的力量。

如果我們眞的想幫助人、想激勵他人，就要能看穿眼前的人表現出的問題，直接看進他的靈魂、看到他的力量，而不是看到他軟弱、無力和做不到的樣子，因爲看見他的力量，才更容易引發他的力量。

我們對自己的愛，滋養著我們，讓我們的心豐盛、輕鬆、滿足和喜悅，讓我們像太陽一樣，照耀身邊的人，也像月亮一樣，反射他人的光采，讓他人看見自己的美好。

Chapter 8

|第八章|

阿比多斯神殿

意識轉換——重生

傳說阿比多斯神殿是冥王奧賽里斯葬身及復活之地，他在這裡進入永生，所以在這座神殿象徵「重生的能量」。在之前的神殿，我們開始看見自己身上的一切，了解並釋放過往的記憶，這個神殿則帶領我們整合一切，告別舊的我們，進入永生的門—基督意識當中。

在埃及神話中，奧賽里斯的兄弟黑暗之神賽特，因爲妒忌他的輝煌成就而殺害他，將他屍體支解並丟棄在埃及各地，不過最後奧賽里斯的妻子愛希斯找回了他的身體部位，成功幫助他復活。奧賽里斯象徵陽性力量—我們的「自我」，在地球展現的「我」。雖然很多「自我認知」被象徵黑暗的賽特擊成碎片，但藉由愛希斯陰性能量的愛與滋養，得以再次重整和重生。

重生不是指我們進入了天堂，到了一個美好的世界。重生是指我們進入了新的意識，有更高的振動頻率。人最大的改變，就是我們以不同角度看待世界，我們的觀點提升並變寬廣，可以開始以中立的角度看待一切。世界還是一樣，但我們對它的認知不同了，這就是實相的改變。我們的眼界不一樣，對事物的接受度因而不同，因爲對事物的反應不一樣，我們不再無意識創造我們不想要的生活，而是能在生活中有意識的去面對與選擇。

阿比多斯神殿中還有一個重要的幾何圖形。在神殿的後方，有一棟毀壞的建築物，其中一面牆壁上畫著一個神聖幾何圖形－「生命之花」。它是整體的全息圖，代表創造，一切都是從一個圓開始，一切也都環環相扣，緊密連結在一起的，「生命之花」象徵整體的合一。

與內在指引連結——突破二元對立觀點

「我最近有機會想去某個宗教團體看看。」我的伴侶對我說。

「什麼？爲什麼會突然想去？」我驚訝地問他。

當我一聽到對方這樣說，心中有很多不滿的感覺浮現，我對於那個宗教有很多不舒服的感受顯現出來。

「我覺得他們很有愛，有互相支持的感覺，在那裡可以找到力量。」對方回答。「找到力量……找到力量又不需要在團體中才可以。你的力量就在你身上，想在團體中找到力量才容易被操縱跟擺布吧……。況且他們也很排外、很封閉、又會排斥其他的宗教……」接著我又講了一些帶著憤怒情緒的話，對方被我的反應嚇了一跳，我自己也很訝異。

發生了什麼事？我很久沒有這樣情緒激動了，尤其這只是一件很小的事，但我內心的憤怒好像是有人對我做了什麼事一樣，彷彿有很深的傷痛。這時我內心出現了一個聲音，我稱它爲內心指引：「Grace，你在做什麼？當你這樣批判那個宗教或是裡面的人，你與那些被批判的人有什麼不一樣？你不是也是封閉的，你不是也在排斥對方？」

我回應：「我想我的排斥是來自久遠的陰性傷痛。我有時很恨過去世界上的陽性能量，爲了讓男人在宗教界能擔任主導地位，而打壓抑制神聖的陰性智慧，符合他們的需求，更用殘暴的方式迫害陰性能量。」

內心指引：「也許這眞的是過去發生過的事，但你只是從你的視角去理解，你並不知道眞相是什麼。也許發生那樣的事，是一種平衡，也是一種對陰性能量的反撲。在集體意識裡，陽性能量對陰性能量產生恐懼，認爲力量會被剝奪，所以必須用壓制的方式來保持平衡，他們選擇恐懼和對抗，因此做出很多無意識的迫害行爲。」

內心指引繼續說：「但我們並不是要去深究過去發生了什麼事，追究誰對誰錯。探討誰對誰錯是沒有結果的，最重要的是，你現在要怎麼做？爲什麼還緊抓著這個傷痛不願意放手？」

我：「也許我是爲了從古至今，陰性能量與女人被壓制、控制或迫害感到憤怒與難過，我認爲或許謹記這個傷痛，可以幫助我找到陰性能量的力量，可以爲陰性能量發聲。」

內在指引：「你真的這樣認爲嗎？你覺得緊抓傷痛，你才有力量嗎？可是你有沒有發現，憤怒也許讓你感到有力量，可是你卻變得想對抗，與陽性能量對立，你的抗拒和對抗，你的傷痛讓你變得有攻擊性，只會吸引來更多需要對抗的事，也就是再次被陽性能量反撲。還有一點，你只站在你的角度看事情，可是如果站在陽性能量的角度，你會看到什麼？」

我：「如果陽性能量對陰性能量感到恐懼，而覺得需要控制和迫害她們，我想陰性能量也可能曾經以不當的方法操控陽性能量，讓他們感到恐懼和覺得力量被剝奪。」

內心指引：「是的，看待事情有很多的角度，你無法論斷誰對誰錯，一切都只是因果循環。但在每個當下，你可以選擇要繼續跟著舊的因果循環下去，還是要看清楚，選擇新的道路。」

我：「對，我的悲傷憤怒只會讓雙方持續對立，甚至影響到我對現代宗教的看法。就像是將對過去事件的憤怒，和一些過去的經驗牽扯到現在的宗教。而我說那個宗教團體很排外，但我不是也在做同樣的事？我內心對這個宗教有很多自己的偏見，所以我也沒有去接受，反而排斥他們。」

內心指引：「宗教簡單來說就是，一群人有一樣的信仰，相信相同的事；追隨著相同的理念；遵守著同樣的規則。宗教帶有信仰，但其實只要一群人有相同的理念、相信同樣的事，就會像宗教一樣，小至家庭，大至國家。宗教『信仰眞理』，也就是一群人，用他們的方式闡釋他們認爲的『眞理』。」

內心指引繼續說：「這些人會聚在一起，因爲他們對自己的宗教所闡釋的『眞理』產生共鳴。各個宗教和教派都以他們的方式，教導與傳播『神的話與旨意』，帶領人走向永生的復活。這個世界上有無數種闡釋『眞理』的方式，他們都是『眞理』的一個面向，但都不是『唯一的眞理』，你在地球上沒辦法看到『眞理』的全貌，可是你可以藉由看到每個宗教的『眞理』稍微體會『眞理的全貌』到底是什麼。」

內心指引：「每個人都很不同，所以有不同的想法、經驗，他們來自不同的背景；有不同的過去；經歷不同的課題，所需要的道路與成長途徑也很不一樣。這就是爲什麼會有各種宗教，人們需要藉由不同的宗教協助他們的生命道路。你怎麼能夠從你的角度，也是你的傷痛經驗決定不適合你的路也不適合其他人呢？」

內心指引繼續說：「當你批判了其他的一切，你製造了分裂，讓自己陷入對立的狀態。這是你所謂的愛嗎？這是你所謂的接受一切嗎？你認爲你在爲對方分析和指引方向，但你只是從你狹隘、受傷的角度，阻止他人進入適合他提升的途徑。你不相信他的內心指引正在引導他，你認爲你必須要介入，讓他看清楚。但你眞的看清楚了嗎？你從合一、清晰與愛的角度來看待，還是從分離、排斥和批判的角度來看待？」

我：「對，我的確想阻止他，是因爲我從受限的角度看事情。除了自己對那個宗教的錯誤認知，再加上我的伴侶提到，他覺得在團體中會找到力量，我更有種憤怒的感覺。可能我認爲我們的力量明明就不在外面，而是我們內心當中。而當我們認爲自己可以在某些宗教團體裡找到力量，我們更容易在獨自一人時感到缺乏力量。有很多宗教團體利用這點操控別人。」

內心指引：「沒有任何人可以拿走你的力量，除非你允許他人拿走你的力量。也許是無意識的，但是只要你願意，你就不能責怪他人。如果人們懂得如何管理和運用自己的能量，而不是四處外求、依賴他人或依賴團體，希望他人塡補內心的空洞，是沒有人可以操控他們的。但在這個社會，大部分的人都不知道如何找到自己內在的力量，不知道如何愛與滋養自己，反而在外到處互相索取，也才會演變為互相控制與操控的局面。」

內心指引繼續說：「如果對於他人將自己的力量交到外在，你有激動的情緒，你可能要反問自己，你是不是也將自己的力量交託到外在？還是你沒有展現自己的力量呢？」

我：「嗯……我想自己還是有將力量寄託在外在，也沒展現出自己的力量，所以才產生情緒吧！」

內心指引：「每一個人、每一個事件、每一條道路都有它存在的意義，如果你站在黑暗／光明、對／錯、邪惡／良善的角度，你就很難看清每個人事物帶來的幫助和擴張。生命是一段無止盡成長與擴張的旅程，每一件事都是來延續生命的擴張。以宗教來說，你會認為某些宗教團體在『排斥他人』、『欺騙』、『斂財』、『剝奪別人的力量』，甚至『傷害人』，但這些想法是你從二元觀點出發看到的。」

內心指引繼續說：「你知道嗎，甚至連你認為的『神棍』也有他們存在的意義。追隨他們的人，就是要來到他們面前，經歷某些事、某些課題，遭遇被欺騙或傷害的痛苦、跌入谷底。但這卻會轉化成一股力量，幫助他們看見與提升，這段過程可能很短，也可能很長。也許你認為要幫助他們，讓他們不要被矇騙，你不希望他們經歷痛苦的經驗，也想幫助他們縮短成長的時間，所以想盡方法勸導、批判和責罵，希望他們可以遠離『不好的事』。但這種方法只會把他們推離『清晰的眞相』，因爲你是從『那條道路是錯誤』的角度出發。」

內心指引：「你若對那些人有嘲笑或批評，這些嘲笑和批評的能量並不會幫助他們看見，只會讓『無意識的能量』更沉重，因爲所有批評、排斥、不認同的思想，都會加深他們無意識的能量。假如對方已經不知道自己的方向了，你的批判只是加重這股能量。雖然只是拿宗教做比喻，但所有的事情都是如此。」

內心指引繼續說：「尊重每個人的選擇；尊重在你世界裡出現的一切；接受別人的選擇，爲自己內心所出現的對立祈禱，看到他的選擇最終會幫助他提升，祈禱和祝福才能清理無意識的能量，分析選擇的對錯和批評，都不會幫人釐清『對的選擇』，反而很有可能因爲批評讓對方陷入更『無意識和迷惘』之中，也可能因爲你的批評，讓自己陷入無意識，引起自己內心的對立與分離。對萬物的愛，祈禱與祝福可以化解無意識，而對萬物的批判只會帶來更多的對立，陷入更深的無意識。」

雖然上面談的是宗教與眞理，但眞理不只存在「宗教」當中。每個人都有自己的眞理，也都在尋找自己的眞理，自己的眞理就是每個人的生命觀、價値觀和對世界的看法與感受等。我們的眞理不是唯一眞理，也不是最正確、最好的，它只是適合我們自己，是我們選擇看待世界的角度。當我們理解這點，才能接受他人有他人的眞理，而我們可以做的就是幫助他人釐清他自己的眞理。

每個人有各自成長的方式，以及必經的過程，對於別人最好的幫助就是祈禱與祝福，並看到他的神性而不是眼前呈現的人性，確定自己處於愛與中立的角度，而不執著在「幫助他人」，或者陷在自己「偏見的角度」看事情，再自問有沒有什麼行動是我需要做的。

這世界上的事，不一定如我們眼前所見這麼狹隘，我們很有可能只看到人事物的小小一部分，畢竟像之前所說的，我們都帶著自己的信念和經驗看待眼前的一切。對我們適合或有益的事，不一定適合其他人，加上我們永遠都不知道他人的課題，需要經歷什麼，以及他對自己的生命之路有什麼安排。

就像在學走路的小孩，如果父母害怕他因爲跌倒而受傷，所以直接抱著他走，這樣是在幫助孩子還是在剝奪他的潛能與力量呢？很多時候他人的痛苦和傷痛會帶領他們發現更大的禮物，所以我們要阻止他們，還是在一旁默默支持與祝福呢？

當我們看到他人受苦，產生慈悲心，想協助他人，我們應該先回到自己身上，看看自己是否因爲害怕看到他人「痛苦」，對別人的「痛苦」有不舒服感覺，沒幫助到對方的話會有罪惡感，所以才想幫助他人，還是淸楚知道這個人需要自己的幫助？

在助人前，其實我們的內在需要先整理與淸理，才能看淸楚眼前的狀況到底是怎麼一回事，也才能知道什麼樣的行動最能幫助對方。就像「授人以魚，不如授人以漁」，要幫助他人，比起直接給他意見，希望他做出對的選擇，或希望幫助他避開痛苦，還不如協助他與自己內心眞實的聲音連結；信任自己內在的指引；穿越生命帶來的挑戰，找到「他的眞理」，而不是追隨「我們的眞理」。

有意識地創造——接納並理解情緒

在一次的冥想中，浮現了這樣的畫面：我坐在黑暗中，接著我的四面八方出現了無限條道路，這些道路有不同的振動頻率，從高到低，低到高，有各式各樣的可能性。我要做的就是在無限可能中選擇一條路，選擇完成後，根據我每刻的振動頻率，我也會在不同的道路來回穿梭。然後我看到無限條道路都在我之內，流過我、經過我。

每條道路代表一種看事情的角度，我只要選擇一條與我最有共鳴的。無論我經過的道路帶來正面能量或負面能量，我都能轉化爲最適合的創造的能量，再次投射到世界中。我處在的中心點包容了一切，可以看到所有的可能性，但當我選擇了其中一條路，這條路就從中心點分開，我便踏上了認識與學習「這條路的視角」的旅程。

對於所有的體驗、人生中經歷的事，我們會有情緒、反應，但只要是出於無意識的反應，讓我們陷入責怪他人的劇情，就會不斷輪迴反覆，也就是重複或類似的事會一直發生，直到我們看見自己在演出什麼劇情，然後願意帶著意識回應。

如何成爲自己生命有意識的創造者？

有意識的創造者不只創造自己的「物質生活」，他的重心放在：創造自己的每個當下，而不被過去的記憶干擾，或作出無意識的反應，也不會擔憂未來會發生什麼事，變得躊躇不定。

這個世界由各式各樣的資訊所組成，對我們來說這些資訊代表外在的一切，環繞在周遭的人事物，以及我們的感官能體驗到的事物。這些資訊被我們接收時，會先被我們的大腦「解碼再重新編碼」。大腦就像是一個濾鏡，所有的外在資訊都會經由這個濾鏡，將資訊解碼後，重新編碼成程式輸入我們的認知系統，成爲我們理解世界的方式。

頭腦的濾鏡是由無數的信念、習慣模式、經驗等組成，它們來自我們這一生的經驗、祖先傳下來的觀念，或者我們過去世，甚至是人類集體意識的資訊。以上龐大的資訊構成我們的濾鏡，成爲我們對世界的認知，也就是我們的「現實」。

其實很多資訊在編碼時被扭曲，當我們帶著傷痛，所有外在資訊進入我們頭腦時，被扭曲的視角解碼和編碼，我們就會產生負面情緒，對事件作出負面的反應，或將自己視爲受害者，覺得都是他人的錯：「都是因爲那件事或那個人的行爲，才讓我這麼生氣、不開心、難過……」

我們都是自己生命的創造者，生命中發生的每一件事都和自己相關，尤其是那些我們認爲的「負面事件」，雖然看起來是他人的原因所造成的，但其實都是因爲我們大腦的濾鏡與外在事物互相呼應而創造出來的。這些被大腦重新編碼的資訊被我們接收後，產生情緒，有正面的，有負面的，若大部分我們所接收的資訊讓我們有負面情緒，就會成爲我們日常生活中的感受，成爲我們所散發出的振動頻率。

無意識的創造者被內在扭曲的程式牽引，在無意識狀態下，以這些程式創造了許多自己不想要的事物，導致常常有受困和不快樂的感受。

有意識的創造者可以察覺到自己的濾鏡，從自己對人事物的情緒感受中，去探討自己內在發生了什麼事：爲什麼自己會對這些人事物有負面情緒反應？這些情緒的源頭是什麼？發生了什麼事導致自己擁有「扭曲的濾鏡」？

負面情緒其實沒什麼不好，而我們是有意識地面對負面情緒，或是無意識地面對負面情緒，會產生很大的區別。當我們外在發生了一些事情，大腦在經過解碼後，會將事件歸類爲「負面事件」，再根據我們的「創傷濾鏡」，我們解讀在這個過程中，被別人傷害或是沒受到尊重等等，讓我們內心很難過和憤怒，覺得那個人怎麼可以這樣！他怎麼可以這樣對我？

於是我們會反擊，可能罵回去或默不做聲，但因爲內心受傷，會認爲都是別人讓我有這種感受。抱持這樣的想法，無論我們選擇罵回去，或是默默責怪對方，內心都會繼續陷在二元對立的戲碼當中。

要跳脫二元對立的狀態，在我們認爲的「負面事件」發生後，要先將對方從事件中的角色分開來，因爲對方其實只是一面「照妖鏡」，幫助我們看到一直潛藏在潛意識中，導致我們擁有「扭曲濾鏡」的因素是什麼。「負面事件」幫助我們了解這些事件會帶來怎樣的「情緒感受」，因爲情緒感受關乎我們的力量。然後問問自己：我有什麼感受？這件事或這個人引發了我哪種情緒？我心裡出現了哪種擔憂或恐懼？我是不是常常有這種感受？我能想起從前發生過的類似事件嗎？

接下來，就是與這些不舒服的感受同在。這就是考驗我們能不能拿回自己力量的時刻。人都會想要逃離自己混亂空虛、不確定、未知的感覺，尤其因爲不知道這種感受什麼時候會停止，更讓人覺得害怕。爲了要逃避這種感覺，人們會將手指頭向外，指責外在的一切，藉此避免面對自己內心的混亂空虛感。

但如果我們想跳脫無意識的輪迴，就要將事件中的「角色」抽離，然後也將事件抽離，因爲很多時候事件會成爲我們的理由與藉口。當我們將「人與事」抽離，我們就沒有任何可以指責的對象，只能誠實地面對自己。靜靜坐下來，好好感受自己的這些情緒，看淸楚引發情緒的事件，只是被自己扭曲的濾鏡解讀成「負面事件」，而扭曲的濾鏡是由潛藏在自己潛意識中的扭曲資訊組成，若我們太認眞看待，就會失去自己的力量。

當我們抽離了「事件與角色」，單純體會自己感受到的混亂情緒，我們會在黑暗中看到自己。看到原來自己這樣對待自己：傷害自己、不尊重自己、討厭自己、懷疑自己、不信任自己……，看到自己的恐懼。但這也是我們突破的點，我們的恐懼不是因爲自己無能爲力，我們的恐懼是不敢看到自己的力量，因爲潛意識中扭曲的資訊，讓我們誤以爲自己沒有力量、自己是受害者。

成爲自己的觀察者，帶著意識感受情緒，情緒只需要被感受、理解與接納。讓情緒充滿自己，但不添加任何劇情，也不去批判，只是感受與不逃避，在那個時刻，我們就會看到自己具有轉化情緒的力量。我們願意去感受與陪伴情緒的勇氣，會讓我們看到自己的勇敢，也會發現這並沒有想像中的恐怖。當願意去感受自己，並見證自己在感受後仍然安好也沒有被擊垮，就會轉化爲我們的力量，也讓我們看穿「受害者劇情」只不過是扭曲的資訊。

我們的情緒會放大甚至失控，是因爲我們腦海中的「受害者劇情」，沒有這些劇情，情緒只是一股自然出現又消失的能量，在完全感受情緒之後，它會成爲我們的力量。因爲我們會發現自己不再害怕情緒，它是讓我們更了解自己的訊息。在充分感受自己的情緒後，我們可以感謝情緒帶來的經驗，或感謝我們在其中看到與學習到的，這份感謝會讓我們的頻率提升。

我們要學習的是，要爲我們的生命負責的並不是外在的人事物，而是我們自己，我們要爲自己的喜怒哀樂負責。我們的身上帶著祖先和自己累世的記憶資訊，其中某些資訊就像病毒一樣，讓我們的視野變得扭曲，所以我們要先清理自己內在的資訊。

但哪些資訊需要清理？其實所有會引發我們不舒服感受的部分，就是需要清理的內在資訊。我們的負面情緒其實是很好的老師，當負面情緒產生了沒有關係，外在事件經過大腦解碼後被歸類爲「負面事件」也沒關係。只要我們能去了解：爲什麼自己有這樣的感受？爲什麼我會這樣看待事情？我用什麼觀點詮釋外在事件，這樣可以幫助我們保持在有意識的狀態。

當外在的事件觸發我們的負面情緒，抽離「人物與事件」，感受自己的不舒服、痛苦和負面情緒，它們將重新在我們的內心整合，成爲愛與智慧，再從我們的心傳遞出去。

當我們清理了自己的內在，回到中心點，就不會一直卡在同一個課題的輪迴中，也才有空間讓更多的直覺與靈感降臨到我們身上。

情緒是我們的力量，它是強大的能量，可以引發我們的創造力與行動，也可以破壞我們的生活。當一個人總是處在負面情緒中，不知道自己爲什麼有這些感受，一定會有很多困惑與無力感，除了容易將自己視爲受害者，也會覺得生命總是受到他人的影響或控制。

當我們不了解自己的情緒，任由情緒漫無目的來來去去，不論對別人或自己爆發情緒，或是在內心生悶氣逃避，都會將自己卡在事件的輪迴中，很難往前。生活的混亂其實來自於我們不願意面對和不了解自己的情緒。

了解自己的情緒，會讓我們懂得如何運用這股能量，除了會更了解自己，知道適合自己的路，也會清楚如何創造行動，而不是雙手一攤，讓他人控制自己的生活。

生命之花：回歸自己的生命劇本

我們這一生會遇到許多人，大家的生命互相交錯。每一個人都在演出各自的生命電影，雖然說我們偶爾會出現在他人的生命故事中，但在他人的生命電影中，他才是主角，而我們是配角。就像在我們自己的生命電影中，我們是主角，他人只是配角。

從一出生，我們就開始演出自己的生命故事，從我們的視角看周遭的世界。從幼小的我們看著爸爸和媽媽，看著兄弟姐妹，與他們相處互動，發生大大小小的事，到長大的自己，與無數的人互動，成爲生命故事中不同的章節。

從開始到現在，在我們的電影中，自己是主角，我們從自己的角度闡釋所有發生的事，沒有人能百分之百體會我們的感受，了解我們爲什麼有這些想法、會做出某些選擇與決定，因爲他們不在我們的身體感受我們的想法和感覺，也不是從我們的角度看周遭發生的事，所以他人都只是我們電影中的配角。

在我們的生命故事中，某些人特別重要，對我們的影響很深，但他們也不是我們，不能從我們的視角與外在世界互動，所以還是沒有比我們自己重要。從這個角度來看，我們也可以知道，自己不是別人生命故事中的主角，他們才是自己生命的主角，而我們也只是別人生命配角，所以不要將自己看得太重要，並覺得自己可以去控制和改變別人生命的劇情。

我們不知道別人看待事物的角度、感受和想法，我們也不知道他要怎麼演出自己的生命故事，他才是自己生命故事的編劇、導演和演員，也許我們對他會有一些影響，但如果這些影響會讓他改寫他的劇本，那也是出自他自己的決定，並不是我們所能控制的。

我們往往將自己看得太重要，以爲自己是他人生命故事的主角。這種狀況在親密關係或親子關係中更是常見，我們覺得自己是對方電影劇情中的主角，處處干涉與控制，認爲愛就是指導對方如何撰寫他的生命劇本，以及教導對方如何導演。

我們常常在他人沒有尋求協助前，硬是想幫助他改寫生命故事，或是認爲自己是他人生命劇本中的主角。當這種情況出現時，往往是因爲我們不知道如何撰寫自己的故事，或不喜歡自己生命故事的劇情，但不知道如何改寫自己的戲分，或如何指導自己這個主要演員，於是我們會轉而干涉他人的劇本。

有趣的是，我們會將自己在他人的生命劇本中看得太重要，卻在自己的人生劇本中，將自己看得太不重要，反而將別人當成我們生命故事的主角。譬如我們不確定自己想要的是什麼、不想了解什麼適合自己，於是任由他人安排或控制我們的人生；我們覺得自己不重要，怕被拒絕或認為沒有人會想聽我們說話，所以不敢發表自己的意見；當我們做了自己喜歡、有興趣的事，卻受到批評、不認同和懷疑時，便開始懷疑自己，聽從他人的批判……。

在我們的人生故事中，他人都只是配角，我們不需要將他人的意見看得太重要，重要到讓我們失去自己的聲音。在我們的電影劇本中，我們就是編劇；是導演；是主角，所以我們要先了解自己想寫出什麼樣的劇情、站在什麼角度訴說自己的故事、怎麼表現自己，以及如何與其他演員互動，那都是我們應該決定的。我們從外在接收到的訊息，都要先過濾，並釐清它真的適合自己嗎？有什麼是自己可以完全接收、有什麼需要去蕪存菁？有什麼是不適合自己的，都要一一分辨，我們才會創造出滿足和喜悅的人生。

這一段發現與瞭解自己的路，就是我們的「英雄電影」。其實英雄的任務，並不是拯救世界。人們並不需要被拯救，只要我們認為其他人需要被拯救，他們就成爲了受害者，我們便很難看到他們的力量。

「英雄電影」是一部我們內心成長的電影，它是一部身爲英雄的我們來到地球後完成優先任務的故事。我們先認識自己這個「人」，了解我們在這個身體裡會出現的想法、情緒和感受，以及如何達到身心靈的平衡，並運用它們，看清自己內心的渴望與想創造出的事物。

在這個過程中，我們不斷調整自己，創造內在與外在世界的和諧。在其中，也會越來越知道自己內心的價值和對人事物的觀點，而不會一味跟隨他人的價值和觀點，也不會用他人的角度來賦予自己生命事件的意義。假如我們從來不想面對自己，不想了解自己爲什麼有這些想法和情緒感受，甚至不想看到自己是怎樣演出自己的生命電影，就會開始干涉和控制他人的電影情節、複製他人的電影劇本，並演出一部迷惘混亂的電影。

在我們生命故事電影中出現的人，都像鏡子一樣，可以幫助我們看到自己，藉此更加了解自己。就像生命之花，一切都是從一個圓開始，無限延伸出去。想像我們就是中心的圓，爲了要了解自己，我們將自己投射出去，並從其他人、更多不同的角度，看到與發現自己。

這些人幫助我們了解：這些人事物帶給我哪種感受？哪些人或事件會觸發我的情緒？我要的是什麼？。

在這當中，我們也會開啟我們的特質和天賦以及帶來的禮物，懂得如何運用與創造，並自然地去展現自己。這就是我們的「英雄電影」，我們可以決定自己這位主角，要從什麼角度看世界與怎麼演出，以及決定劇本有哪種劇情，和我們賦予的意義，還有決定我們要得到什麼教導與智慧。我們從開始，就有無限創造的可能性，在我們展現自己的同時，與我們相應、喜歡我們人生電影的人，就會得到靈感，受到我們的啟發，然後開始演出他自己的「英雄電影」。

就像生命之花的創造，我們都是中心的圓，從自己開始，創造出無數個圓，而每一個圓相連在一起。當我們想要改變世界；想要幫助他人，我們的出發點不是要「拯救」，而是「啟發」。當我們了解自己、清楚地知道自己是誰、要往哪裡去，那份力量自然就會擴及身邊的人。

阿比多斯神殿是我們重生、進入新的意識的地方。冥王奧賽里斯，帶我們進入「陰間」，它象徵我們的無意識，裡面藏著被我們隱藏，以及我們不願意面對和逃避的事物，這裡是「過去的我們」的死亡之地。在這裡我們對自己和對世界舊有的認知一層層剝落，我們的眼界變得寬廣，能看穿幻相的帷幕，帶著新的視野看著過去所認為的「事實」。

然後我們會發現，原來過去一直以為的「現實」，其實都是我們自己創造的，我們是自己電影的編劇、導演和主角。過去，大家互相干涉彼此的人生電影，或複製某幾種版本的人生電影。但重生後的我們，知道這是我們創造自己獨特的「英雄電影」的時機。我們依據自己內心的渴望、想要的條件，找出什麼是適合自己，不會讓我們產生罪惡感的方式，成為自己心中的英雄。

當我們將自己投射至世界中，與你相應的人會被啟發，一個接著一個，互相激盪影響，在這個世界中連結成美麗的「生命之花」。

Chapter 9

｜第九章｜

吉薩金字塔

缺點：協助突破的禮物

在古埃及，埃及人認爲尼羅河就是天上的銀河，埃及是天上的鏡像，最清楚可見的就是吉薩高原的金字塔群。最著名的三個金字塔，就是照著獵戶星座的腰帶三星排列，而大金字塔中的國王密室南邊的通風道直指獵戶星座。獵戶星座在埃及象徵最重要的神祇之一，冥王奧賽里斯。而在大金字塔內皇后密室的南邊通風道則指向天狼星，象徵愛希斯女神。

吉薩高原的金字塔群建築精確的程度讓人覺得不可思議，不只是位置與獵戶星座的腰帶三星對映正確，連腰帶三星的亮度也以金字塔的大小展現。古埃及人想讓人知道這裡就是天上，這裡是神居住的地方。

我永遠也忘不了第一次清楚見到大金字塔，內心那種澎湃感動的感覺。當時下榻金字塔旁的開羅米娜宮萬豪飯店（Marriott Mena House），因爲抵達時已經是夜晚，外面一片漆黑，所以周遭都看得不是很清楚。

第二天清晨，我一走出房門，立刻看到不遠處的大金字塔矗立在霧中。

「金字塔！金字塔！這就是金字塔！」我的內心激動地吶喊。那種感動我一輩子也忘不了。我以爲自己是因爲第一次見到大金字塔，才會有這種激動的感受，沒想到每次回到埃及，第一眼見到大金字塔時，我還是有同樣的興奮與感動，內心也都會對它說：「我回來了！」

它總是在適合的時機呼喚我，讓不同的緣分牽引我來到它面前。我很幸運，在去埃及的六次旅程中，有四次機會進到金字塔靜坐。其中有兩次很特別，一次是三個金字塔都有進去，另一次則是去了大金字塔中的國王密室、皇后密室和最下方的井室。

每次在金字塔中靜坐，都可以感覺到自己的能量不只穩定同時也在擴張，時間與空間似乎都消失了，我只是靜靜地存在著。過去與未來，在那刻似乎沒有什麼意義，懷疑與恐懼沒有存在的意義，關於我的自我認同，在那刻也變得模糊不清：我是誰？

在我們出生的那一刻，天上的星辰排列對齊，形成一股強大的能量，投射並烙印到我們身上，我們的身上帶有出生那刻天空的星象、出生的時間便成爲我們身上的「密碼程式」。我們的身上有不同星體的能量，它是我們的工具，幫助我們完成這一生在地球的課題。這些密碼程式和星體能量可以解讀出我們的美好特質、天賦和「缺點」。特別將缺點畫上引號，是因爲在大部分人的眼中，缺點是不被接受、被討厭和需要改變的面向，但我們並不需要這樣看待。

我們都認爲一個人如果具備天賦、好的個性、美好的特質、良好的習慣等就能開創豐盛成功的局面，如果越能改變身上的缺點，就越能使人生更圓滿。雖然這裡我用「成功」這一詞，但其實每個人對於成功的定義都不同，有些人可能覺得名利雙收是成功，但有些人覺得將一個家打理好就是成功。我們都有一個心裡嚮往的「成功形象」，它是人們對於自己的身心靈或外在狀態的期許，也就是當我們達到那個目標，我們會覺得自己的人生圓滿了。

我們以爲，阻擋我們成功的是我們身上的缺點。因爲我不夠聰明、我太懶散、我的直覺不夠強、我不是一個好的推銷員、我的口才不好、我沒辦法控制脾氣、我不積極、我無法堅持等等。但其實我們無法成功並不是因爲身上的缺點，阻擋我們成功的，是我們以這些缺點當作自己無法成功的「藉口」，這才是眞正阻擋我們成功的原因。

「缺點」成爲我們的一種身分認同，我們緊抓著這個身分認同，告訴自己：因爲我是「這樣的人」，我有這個「缺點」，所以我很難成爲自己「夢想中的樣子」。「缺點」反而變成了我們逃避的舒適圈，我們認爲因爲自己有這些缺點，又因爲這些缺點很難改變或突破，所以當然很難成功。

沒有人是完美的，不論我們怎麼改變與突破，還是會有不完美的地方。可惜這個世界太注重在改變我們的「不完美」，人們總是指出我們的缺點，隨時提醒我們還有哪些部分不夠好、需要改變，也時時刻刻告訴我們，這就是我們達不到目標和無法成功的原因，也因此我們都卡在自己的缺點，默默討厭自己，引起內心的分裂。然後我們開始覺得自己很差勁，認爲需要隱藏那些不夠好或不完美的部分，才能得到大家的認同與喜歡，同時將自己「不成功」的原因歸咎於此。

其實我們的缺點並沒有讓我們不成功，讓我們無法成功的是我們對自己缺點的批判，引起內心的羞愧和罪惡感，認爲自己的缺點是醜陋的；是一種「罪」與「惡」。從小我們就被教導「缺點」不好，不被世界所接受，會招來處罰。所以我們背負著沉重的羞愧、罪惡感和憤怒，認爲自己不值得美好的人事物，並以此來懲罰自己。

我們爲什麼會討厭自己身上的缺點呢？我們爲什麼對自己的缺點有羞愧與罪惡感呢？我們的不完美永遠都在，只是程度上有不同，而對缺點的批判和羞愧等負面的感受，只會造成自己內心分裂，讓自己變成自己最大的敵人。

這個世界很多人用扭曲的方式，引導我們成爲自己最大的敵人，讓我們充滿許多對自己的負面感受。我們太在意自己的缺點，又用扭曲的方式看待缺點，然後以自己的缺點當作很難進步的藉口，也難怪世界上多數人都很不快樂。

其實，我們的缺點只是一種特質的能量，是我們的「負極」，就像我們的優點也是一種特質的能量，是我們的「正極」，它們都只是我們完成人生使命的工具，也是在我們出生時存取到我們身上的程式。我們需要「正極」與「負極」才能創造與進步，但如果我們對這兩者其中之一有強烈的反應，就會成爲我們生命中的執著，反而變成一種限制。

我們身上的「正極」幫助我們做事順利，「負極」則讓我們看到自己可以突破轉化的地方。但如果我們批判自己的「負極」，將它看成一種「錯誤」，內心產生的對立與掙扎，會將我們突破的時間拖得更長。當我們看到自己的缺點不必討厭與批判自己，因爲討厭與批判會導致我們走向自我毀滅的道路。當我們看到自己的

「負極」，其實反而應該要開心與興奮，因為那是我們人生中超越自己的指標。

我們的缺點不是一種「錯誤」，它只是我們的「負極」，也是推動我們前進的動力，我們越能明白如何使用這個工具，就越能縮短抵達目的地的時間。缺點其實就像優點一樣，都是人們降生在地球所帶來的美好禮物。

我們只要專注在自己的優點，以良好的感覺面對我們的缺點，因為它是幫助我們突破的關鍵，良好的感覺會幫助我們保持身心靈的平衡，創造內在和諧，在這樣的狀態下，我們的靈感會降臨，引導我們做出行動與突破轉化。

人生使命：過好每一天

我們會不會是因爲害怕自己的偉大，所以根本不想看到自己的潛能？我們數著自己身上的缺點，講著自己慘痛、失敗、痛苦的故事，想著自己做不到和沒辦法的經驗，隨時懷疑自己，並提醒自己有多差勁，這樣一來，我們就不會看到自己有多偉大了。

如果刪掉我們認爲自己不夠好的故事、想法和感受，我們還有什麼藉口停滯在原地？我們內心總是想著，就是因爲我們有這些缺點、失敗過，加上發生了這些痛苦的事，所以我們當然只能是現在這個樣子，過著一個平淡無奇的生活，日復一日，不知道爲了什麼而活，也不知道有什麼意義？

也許生命本身是沒有意義的，生命的一切只是不斷前進和擴張，而生命的意義則是我們自己賦予的，但大部分的人賦予自己平凡且渺小的生命意義。其實平凡渺小並沒有不好，我眼中的平凡渺小，也許是你眼中的獨特偉大。但這裡提到的渺小，指的是讓生活過得渾噩、總是懷疑自己，覺得自己做不到也不可能做到，所以過一天算一天，因此覺得平凡渺小也沒關係。

很多人從小就聽到周遭的人對自己說：不可以、不可能、這樣不對、不行、不對、不夠好……。每一個加諸在我們身上的「不」，都成為一個限制，長大後我們自然會複製這些聲音，常常會對自己說：不可以、不可能、不行、沒辦法……。如果想在這一生看到自己的潛能和成功的可能性，就要察覺我們什麼時候會否定自己，並將每一個否定句改成問句。

譬如當我們覺得自己做不到時，改問自己：「我眞的做不到嗎？我要如何做到？爲什麼我不想做？爲什麼我認爲自己做不到？」當得知自己不喜歡也不想做這件事後，就問問自己：「爲什麼我會不喜歡？背後的原因是什麼？有什麼是我可以改變的？什麼方式或方法，讓我在做這件事時有不同的感受？」

當我們對自己說「不」，就直接劃下了句點，將我們的大腦關機，所以我們就不需要再思考。可是一旦我們將句點改爲問號，就是尋找答案的開始。只要我們開始尋找，答案就會出現，我們要尋找的是自己的潛力。

疑問有兩種：質疑和開放問句，但大部分人的疑問都是負面的質疑，這些疑問是封閉的，不是用來質疑自己的能力，就是用來懷疑與指責別人，這些疑問都是

「不相信和覺得不可能的狀態」。另一種疑問則是開放式的，它充滿可能性，可以帶領我們開拓新的視野，觀察到之前自己沒有發現的地方。

譬如當一件事情沒有做好，我們會問：「你爲什麼這樣做？」這句話帶著指責，並引起自己或對方的罪惡感，也會讓人產生防衛心。但如果我們是問：「你爲什麼會想用這個方法做事？」它帶有開放的能量，是一種邀請自己或雙方來探討原因的疑問。也許字面上的意思看起來差不多，但它聚焦的方向並不相同，也會得到不一樣的答案和結果。

疑問不是讓我們用來懷疑與批判自己，疑問可以引領我們挖掘自己的潛能。疑問不會讓我們更封閉，而會幫助我們拉開帷幕，看到更多的可能性。生命是一條不斷擴張的道路，只有我們將句點改成問號，才能開始看到每個人神奇偉大的潛力。

認識自己，就是我們要發出的疑問。「我是誰？」

當我們問自己這個問題，內心也許就會浮現自己的名字、家庭和社會中扮演的角色、性別、人種、過去的經歷、自己的命盤等，但我們眞的只是這些角色？還是在我們之內有一個更偉大的存在？

當我們開始問自己是誰，就會想搜尋與了解關於「自己」的一切。我們可以接著問自己：我在想什麼？我相信什麼？我一直說的故事是什麼？我在尋找什麼？我覺得自己是什麼樣的人？我的感受是什麼？我如何展現自己？我的恐懼是什麼？是什麼阻擋了我或限制了我？

在開始問自己這些問題後，答案就會慢慢出現。了解現階段的我是什麼樣子之後，我們可以再問自己：我想要什麼？我的渴望是什麼？什麼事會讓我感到開心？我想要成爲什麼樣的人？我想要有什麼感受？我想如何過我的生活？我希望我的生命是什麼樣子？爲什麼我要這樣做？我這麼做是爲了誰或什麼事？爲什麼我有這些感受？

當我們問自己這些問題時，讓自己回到孩童時期，發揮想像力、創造力和冒險與新奇的心來回答這些問題：如果我可以做到？如果這一切是有可能的呢？

當我們內心有渴望出現，在渴望與追尋的過程，會感受到還沒有得到的矛盾、掙扎和痛苦，但在渴望得到滿足後，自己又好像沒有想像中開心、喜悅和滿足，但若是渴望沒得到滿足，更會挫折與失望。是不是因爲我們有了渴望，所以才會帶來不快樂的感受？而且有了一個渴望，又會再出現新的渴望，我們的渴望好像永遠都不會滿足？

我想這就是我們要學習的功課。在渴望與滿足之間，這個距離就是我們對未知的空虛混亂期。在這個階段會出現不確定感，只要我們的「渴望」越重要，就有越多的自我懷疑、擔憂、煩惱等出現，但我們的勇氣、自信和力量也會在這段時間建立起來。

我們的勇氣、自信和力量並不是只來自於「實現渴望」，也來自在「未知的混亂階段」時我們如何面對、陪伴和支持自己，以及如何在懷疑自己的同時還是往前進。尤其在渴望還沒有實現時，我們如何面對失敗與挫折，怎麼安慰自己、再接再厲繼續往前。我們的勇氣、自信和力量來自這裡，這些會帶給我們滿足感。所以這份滿足，不只限於「實現渴望」的滿足，更多的是來自於過程中我們對自己的認識、看到自己的力量，並學會信任自己然後勇往直前。

生命是一條「永不滿足」也沒有盡頭的路，生命的道路不斷往前、成長與擴張，我們一路上也不斷學習與成長。而我們所遭遇的事，也會讓我們不停產生新的渴望。當我們認清這是一段「永不滿足」的路，我們沒有「停止」的一天；沒有

「這樣就夠了」的一天，我們才會了解，自己當下內在的「滿足感」才是最重要的。

我們並不會因爲達到或實現目標或渴望，就一直覺得圓滿、開心、幸福，認爲只要這樣就足夠了。當我們達到一個渴望或目標時，反而會覺得，自己爲什麼只開心了那一小段時間，或沒有想像中的開心滿足。

原因除了跟前面幾章我們談過的注意力習慣有關，另一個原因則與生命自然的韻律有關。我們的新渴望就像是春天播下了的種子，當計畫實施，就進入夏天的行動，面對與解決相關的挑戰，達到了高峰，之後顯化實現渴望，在秋天收割，慶祝收穫得到智慧，然後一切慢了下來，進入冬天的內省階段，再開始爲新的季節、新的渴望做準備。

所以在達到實現渴望的「高潮」，創造能量就會開始「走下坡」，準備進入冬天的內省階段，這也是爲什麼我們興奮的感受就只持續那麼一小段時間，這是自然的韻律。

慶祝過「渴望實現」後，在冬天的階段，我們開始走入內在，可以問自己：「在這次的過程中我學到了什麼？我更了解關於自己的什麼？我更了解關於他人的什麼？有什麼不再適合我的想法、習性和行動是我該轉換的？有什麼是我能提升改變的？」

從這個觀點來看，我們可以知道，生命沒有哪一個階段特別重要，每一個階段都很重要，都環環相扣。過程與目的都同樣重要，既然如此，就可以了解，我們生命的每一天都是重要的。

我們如何創造自己的今天？

我們能不能相信今天發生的事都是最好的安排，都在幫助自己進步？

在生活中我們想要有什麼樣的感受？

此刻我們可不可以讓自己沉浸在愛、喜悅、接納、開放、放鬆、清晰與信任中？

我們能不能信任自己正處在對的位置與適合的道路，並相信自己的每一步都受到神聖的指引？

我們可不可以看到自己獨特之處，看到自己的優點與才能？

我們能不能放下對自己的批判，停止對自己說「我做不到╱我沒辦法╱我很差勁」的受害者故事？

我們可以決定要如何看待生命中發生的事；決定是否賦予事物力量與意義，當我們可以從感謝的角度看待事情，我們就越容易看到事物的可能性。

每一天都選擇看到新的自己，用我們的感官與身邊的人事物連結。唯有在這一刻，這個當下，我們才能有眞實的滿足與喜悅感。只有在這一刻，我們才能從肢體的接觸，眞實感受到我們外在的一切；從我們的雙眼看到周遭美麗的世界；用雙耳聽到各式各樣美妙的聲音；從鼻子的吸氣與呼氣感受生命的律動，聞到生命不同的氣息；用嘴巴嚐到許多令人回味無窮的滋味。身體感官與外在的接觸和連結在這一刻帶給我們滿足的感受，我們的身體是靈魂唯一可以和物質世界互動的連結。

我們都太習慣將注意放在生活的「匱乏」上，而不是專注在當下我們所「擁有」的。只有在當下這一刻，我們才能眞實感受到「我活著」，並能感受與享受物質世界帶給我們的喜悅，既然當下這一刻是如此的重要，那麼我們該如何過好「當下的每一刻」？

如果還在尋找自己的人生目的，覺得人生迷惘，不知道來地球是爲了什麼，我想分享：其實如何過好每一個「當下」才是我們最重要的人生目的。在每一刻深刻感受周遭的一切，不被頭腦中懷疑、擔心、焦慮和恐懼等思想困住，讓自己處於開放、接納、輕鬆、感謝的狀態，因爲在這樣狀態下，我們就會看見自己這生的使命。

很多人常常問我：「我適合做什麼？我的人生目的是什麼？我的使命是什麼？」其實，我們的使命、人生目的和適合的工作職業就在我們的每一天當中。我們喜歡什麼？什麼事讓我們開心？什麼事讓我們感到興奮？什麼事會讓我們專注並樂於其中？在一天之中，我們有做讓自己開心的事嗎？當我們的心是放鬆開心的，它將會引領我們，找到下一件有趣驚奇的事，很快地我們就會找到最適合自己的事。

也許我們的使命和人生目的就在人生轉角處，而我們最快找到人生目的和使命的方法是，做讓自己的心能放鬆、專注與開心的事，但我們卻遲遲不願意過好自己的「每一天」，反而讓每一天塞滿了懷疑與焦慮的想法，阻斷自己的靈感之流。

爲了進化與成長，我們在人生中會一直創造新的渴望、目標和任務，這是一條「外在物質渴望永不滿足」的路。人一直會有外在的目標和渴望，是爲了想滿足自己的「內在渴望」，也就是內在情感的滿足感。但只是單純達到外在目標，不會讓人有持續的內在滿足感，唯一能讓人有長時間滿足感的，是每天專注於「使內在滿足」。

也就是過好我們的每一天，用我們的感官與周遭好好連結。因爲當我們用感官去感受身邊的人事物，我們收獲的是感謝與滿足感，而在這當中做一些讓自己開心的事，才會在「永不滿足」的道路上感到「滿意」，這樣的我們是豐盛的，不是匱乏的，在這樣的狀態下，過好每一天，我們很快就會知道「自己的人生目的」是什麼！

我們是人。我們是偉大的靈魂進入人類的身體，從人類的角度去瞭解與學習物質世界中的一切，從人類的角度體驗七情六慾，經歷悲歡離合。在感受外在物質世界的同時，我們也會經歷內在的情緒，在種種的高低起伏中尋找平衡。不管我們在哪、在做什麼事、狀況如何，我們都可以與內在連結、合一、感到圓滿和豐盛。

也就是我們可以不受外界影響，清楚地知道自己是誰、自己的價值與渴望，而當外在有衝突時，還是可以很快找到內心平靜，找到內在與外在的和諧，再從和諧中創造無限的可能性，在地球上扎根。

臣服：順隨自然地心想事成

我坐在黑暗中。

密室的燈已被關上，只剩通道傳來微弱的光。

這是我第四次在密室中靜坐，也是最震撼與感動的一次。

這裡是大金字塔的國王密室，一個神祕又充滿力量的空間。

一共有三十三個人，每個人代表地球的一個地方，我們用吟唱與意念彼此連結形成網路，環繞著地球。同時我的手上捧著這本書的手稿，啟動它，注入意圖，在國王密室的吟唱中，我傳送出對這本書的祝福。就與我靜坐時看到的畫面一樣，它就這樣實現了！

二〇一九年從埃及回來後，在一次靜坐中，我得到靈感要以埃及爲背景，寫出這七年對生命的看見，但那時對於要寫什麼還是很模糊，只是默默地希望在寫的過程能有機會去埃及接收靈感，並在大金字塔中將書稿獻給埃及。但不是說去就能去，必須有機緣遇到和我相應的團體，所以我也只是心中想想，就把這個想法放到一邊了。

二〇二〇年夏天開始寫這本書，同時疫情大爆發，世界旅遊停擺。不止遇到相應的團體不容易，現在連旅行都很麻煩，當時想：這個願望可能不會實現了。但說眞的，我也沒有失望，因爲我知道我不一定要到埃及才能「接收靈感」與「將書獻給埃及」，這些都不受時間與空間的限制，最重要的是自己的心念。可能宇宙是要我將已出版的書帶回去埃及也說不定啊！

就這樣，偶爾靜坐時，我會想像自己在大金字塔中，捧著我的手稿，接收靈感與傳送祝福。我可以感覺我就坐在國王密室中冰冷的大石塊上，聽到密室裡聲音傳來的回音，聞到密室裡悶熱潮濕的味道。我想像自己在大金字塔中，接收宇宙傳下來的能量，並在其中讓自己的能量擴張。在閉上眼睛時，感受與現實沒有差別，一切都是這麼的眞實。

二〇二〇的六月，我在某個影片的留言中，看到一個人的名字，當下內心有個聲音要我搜尋他。我在他的影片中，看到他會帶人去埃及，不過他講西班牙文，我也聽不懂他在說什麼。但我對他有一種奇妙的感應，所以眞的很想知道他在說什麼，還好我的伴侶會講西班牙文，所以便請他幫我翻譯。

我還記得我請他幫我翻譯的是哈索爾女神神殿，雖然我的伴侶只是簡單地講了幾句，但我想像我自己就在那團體中，看著哈索爾神殿中的柱子，聽著他講解，雖然大部分聽不懂他在說什麼，但我卻可以感覺到其中的頻率，好像我就在那裡一樣。我做這些不為了什麼，只是想像這些就讓我很開心。

接著到了八月，他竟然公布他將在十二月開一個英文團，他會帶著團員一起在埃及三個金字塔內，平衡自己與連結地球能量。當我看到消息時，內心只有「不可思議」四個字。二〇二〇年，已經沒什麼人可以出國了，更不用說能遇到與我相應的團體，而且他以前都是帶西班牙文的團，可是這次竟然會帶英文團。彷彿所有的一切都安排好了，而我一直被牽引著。

這次的「心想事成」讓我現在想起來還是覺得很奇妙。這就是生命中的驚喜，在我們不強求；不預設立場；不控制如何發生的時候，生命就會以最有趣與奇妙的方式在我們面前展開。

這次的發生，是源自於一個「我覺得很有趣的小想法」：可以在埃及接收寫書的靈感和傳送祝福。所以我對它本來就沒有什麼期待，接著因為爆發疫情，我知道它變得更難實現，但我本來就沒有期待，所以也沒有失望，只是繼續做我覺得開心有趣的事：想像自己在金字塔中靜坐，想像自己在影片的團體中，感受那些神殿。

但我做這些事並沒有特別的目的，只是覺得好玩有趣。接著，它就眞的成眞了！它成眞不是因爲我希望它發生，而是我的內心深深信任寫這本書會經歷的過程，所以我不控制過程，而是讓過程自然地在我面前開展。

一件事往往有所阻礙，是因爲我們對事情發生有太過度的渴望。當我們越希望事情發生，就會越擔心它不會發生，而越希望它發生，就常會有擔憂、害怕等不確定感，讓我們覺得事情需要受到控制，確定自己的每一步都是正確的，就讓我們無法享受事情開花結果的過程，也不會覺得過程好玩有趣。

如果我當初認爲自己一定要去埃及，到處上網搜尋有沒有機會，對這件事變得執著，很有可能機會就不會出現了。在生命中，臣服也是我們重要的功課。

很多人會以爲臣服就是放棄或放手，有一種「被動」、「被迫」或「沒辦法，只能如此」的感受。但其實臣服是「主動」的，是我們主動在內心下一個決定：生命中所有發生的事都自有神聖的安排，是神聖計畫的一部分，所以不需要控制，而選擇了信任。

但臣服也不是雙手一攤，全權交給上天處理。雖然說我們放掉了控制，也就是不再控制過程要如何展開，但我們還是有義務盡我們所能將眼前的事做好。至於結果如何，就只要信任，信任最後的結果對我們的生活是最有幫助與益處的。

當事情不照著我們的意思進行，或發生「不如意」的事時，就是一個讓我們學習「臣服」的機會。如果我們可以接受在生活中發生的每件事，都是幫助我們成長和擴展，爲了我們更高的益處，成爲靈魂渴望展現的自己，我們就不會責怪相關的人事物，或抱怨發生什麼事了。

臣服並不是指我們不介意發生了什麼事。我們可以不喜歡發生的事，可以生氣、憤怒、不滿；可以有受傷和傷痛等感受，有負面情緒不是問題，但關鍵在於我們怎麼面對發生的事件和情緒。在這些感受浮現後，我們是否能不責怪、不怨天尤人，清楚知道這些事對我們是有幫助的，同時了解我們的靈魂有需要學習的課題、想成爲的人，所以這些事件會發生，是在協助我們獲得相關的經驗，領悟生命的智慧。

所以臣服也與信任有很大的關係。我們要能信任才能臣服；要能信任自己，相信自己不論在什麼狀況下，都會有勇氣、智慧和能力渡過難關；能信任他人，在其中扮演的角色不是爲了支持我，讓我感受愛與接納，就是爲了幫助我看見被自己隱藏或逃避的陰影；能信任生命，知道它自然的韻律；能看見生命中的春夏秋冬，理解人生中一定有悲歡離合、陰晴圓缺、喜怒哀樂、高潮低潮、開始結束、毀滅重建。

也就是這些人生中的高低起伏，讓我們懂得隨順生命的韻律，在巔峰時懂得珍惜與感謝，而在谷底時，知道這只是暫時的，一切都會過去。我們會專注在釐清自己的渴望、聚集能量，等到春天，重新出發的時候來臨。最後我們能信任神，從祂的角度看待事件，更能明白什麼對自己最有益處，畢竟在神的國度，只有奇蹟與神奇的事。

我們的「想要或渴望」如果沒有照我們期望的方式顯現或實現，一定是其中還有我們沒看到與需要了解的「內在面向」。有可能這個「想要與渴望」並不是我們內心真正的渴望，只是他人的「期望」，也有可能我們內心對於這個「渴望」還有許多自我懷疑與限制性的想法。

我們能做的是問自己：「這真的是我想要的嗎？這真的是我內心的渴望嗎？」如果是，察覺我們內在的限制信想法，再盡自己所能將事情做到最好，但要放下事情「應該要如何」進展的期待，同時信任它會以最適合我們的方式實現。這就是臣服：信任自己；信任他人；信任生命和信任神。

金字塔群象徵天上星辰，處在它們之中，就像置身於天空中。我們一直向天空看去，渴望能直達群星，但金字塔提醒著我們，我們的目的地在這裡，我們要在這裡展現自己；我們的靈魂渴望在物質世界享受、創造與體驗；我們的靈魂想了解進入人類身體，體驗在受到許多的限制後，它的潛能是什麼？

想像自己坐在大金塔密室中，它是我們的潛意識，讓星星的能量注入自己，打開我們的潛能，耳邊彷彿傳來：「你是否可以穿越幻象，選擇自己想創造的實相？」

Chapter 10

第十章

人面獅身像

掌握當下的力量，擁抱過去與未來

從小我就對獅子有莫名的喜愛與親近感，我很喜歡獅子，看到獅子的圖案總是讓我有安定的感受。直到我來到埃及，站在人面獅身像前，注視著它，熟悉的安定感瞬間倍增，這是一種很難形容的特別感受。

我再次被生命牽引，在二〇二〇年十二月十四日，日蝕新月這天在命運的安排下來到人面獅身像面前。清晨四點三十分，天空透著微光，我們帶著崇敬與寧靜的心，慢慢走下階梯，越接近人面獅身像，就越能感受到它的神聖與莊嚴。

這是我第二次走到人面獅身像前。一般觀光客探訪人面獅身像，只能從上面隔著一段距離觀看。但這次我不只來到人面獅身像面前，還第一次在這裡靜坐。開始靜坐前，我站在它前面的聖壇後方，直直看人面獅身面像的雙眼，讓它知道我願意讓它看進我的靈魂，沒有任何隱藏，不論是我的光明面或陰影面，我都願意讓它看見，請它幫助我轉化與提昇。

接著我們走到人面獅身像的兩爪之間坐下，我靜靜地坐著，感受我受到它如此嚴密的守護與保護。這天剛好是日蝕新月，象徵陰陽合一，我想像左手是我的過去，右手是我的未來；左手是我的陰影弱點，右手是我的優點天賦。這兩股都是我的力量，我的缺點是優點的種子。在月亮與太陽合相，對齊的那刻，我的身心靈也平衡一致，太陽與月亮成爲人面獅身的第三眼，發射能量，進入了我的內在，全新的意識誕生。

人面獅身像，是力量的象徵，當我看著它，可以感受它強大堅定的力量，我的自我懷疑、煩惱、恐懼和焦慮在它的雙爪中暫時消失地無影無蹤。我才頓時明白，原來我的焦慮、擔心、害怕，是我的靈魂對我的提醒，告訴我此刻生活需要調整；需要從更高的角度去看事情，以及去面對一直以來我內心逃避、不敢面對和沒有處理的面向。

從我們在子宮準備出生的那刻，就被一股壓力推擠著。人生中，似乎也總是有一股無形的壓力籠罩著我們，有些人被這股壓力壓得喘不過氣，產生許多負面的感受，那麼這股壓力到底是什麼呢？

我們對未來的期待與內心的渴望，產生了一股牽引我們的動力，而過去不斷輪迴的事件中，我們沒有看清楚的課題，也產生了一股推動我們的動力。滿足未來的渴望和過去未完成的課題，同時推擠著我們，所以我們才會成長和擴展，這也就是我們所感受到的「壓力」。

我們的過去，推擠著我們，要我們面對我們一直以來逃避，以及潛意識中未處理的課題。但很多人卻以爲，他們的救贖在未來，只要到了「未來的那一天」，他們的痛苦就會自動消失；只要遇到靈魂伴侶；只要賺夠多的錢；只要得到某個獎項；只要達到某個目標；只要退休不用工作後……，彷彿達到未來的某一個目標，他們就會開心滿足了，

但他們卻沒想到這其實是「未來迷思」。只要沒有面對過去，沒有面對內心深處隱藏的事物，就算到了「未來的某一天」，我們還是有同樣的感受，甚至會更空虛。

現階段的我們，不覺得自己或是自己的生活「夠好」與「足夠」，所以才對未來產生憧憬，但憧憬與現實間的距離卻帶來許多負面的情緒，這就是爲什麼此刻的我們快樂不起來，誤認爲快樂只在某個特定的「未來」。

過去的課題推擠著我們，以不同形式的「負面事件」顯現在我們的生活中，讓我們產生負面情緒，等待我們去處理與面對。可是我們卻一直漠視與逃避它，我們

對未來有許多期待，卻不喜歡此刻的自己；不喜歡現在的生活，我們以爲未來會比現在更好，這種分裂帶給我們許多負面情緒。

這兩股推擠的動力，本來是能幫助我們擴展的壓力，但在這兩種狀況下，我們產生的負面想法和情緒，卻變成傷害我們的壓力，導致我們的身體與心靈出現許多的狀況。這些源自我們過去或未來的問題，並不能在過去與未來解決，這些問題只能在當下，也就是現在這一刻解決。

當過去未解決的課題推擠我們向前，以「負面事件」顯現，它是幫助我們內在成長的壓力，推動我們去面對，才能更了解自己，成爲我們的智慧，展開未來。但每一次我們不願意面對過去，覺得過去已經過了，不需要談；不想再想起，將傷痛掩蓋住，就會讓我們此刻的力量，流失在被我們掩蓋的過去中。

一直想著未來會發生什麼事，不論是擔憂或是期望，都是將我們的力量投射到未來。其實未來未必會比較好，我們未必會比現在幸福開心，只要沒有眞正認識自己，瞭解自己內在的種種感受，不論我們走到哪裡，感受都會差不多。每一次我們將「期望」投射至未來，就代表我不滿意、不喜歡、不接受現在的生活，就會讓我們此刻的力量流失在虛幻的未來。

我們的力量一直在無意識中流失到過去與未來，唯一拿回力量的時刻就只有現在，而我們是否拿回力量，最清楚的指標就是情緒。生活中，什麼人事物讓我們有負面的情緒？這其實是過去在推擠我們，幫助我們成長。想到未來，想到我們的渴望，我們有什麼負面的情緒？這就是未來在牽引著我們，幫助我們擴張。

當我們感受到這些負面情緒，不用與它抗爭。我們可以先站在第三者的角度，看到我們有這些情緒；理解情緒的來源；理解自己的恐懼，在愛、接受與理解後，情緒自然就轉化爲力量。

負面情緒不會因此變成正面情緒，但負面情緒在我們接受與理解後，會產生「正面的感受」。不是要讓我們變得正面，也不是要控制自己產生正面想法和正面情緒，而是要讓我們能愛與接納自己負面的部分，放下內心衝突和對立，剩下的自然就是「合一的感受」，它是舒服、放鬆、流動、喜悅……。

在生活中感受到的無形壓力其實是推動我們的動力，幫助我們成長與擴展，但這兩股動力（過去與未來）出現時，會因爲我們未滿足的渴望和未處理的課題使我們產生負面情緒，如果我們不去面對這些負面情緒，它就成爲會傷害我們身體與心靈的壓力。

想要有一個美好的未來，我們只能在現在這一刻創造。我們此刻感受到的壓力，是推動我們的動力，深呼吸，問自己：「這股壓力是來自過去還是未來？它帶來的負面想法和情緒是什麼？」不與它們對抗，任何抗爭都會讓我們失去力量。

試著尋找源頭，了解「爲什麼我會這樣？」，或「爲什麼我要做這件事？」，接納與理解。就算不知道源頭，我們觀察它們，對它們不起任何反應，只是接受我們有這樣的想法和情緒，但我們選擇不聽從它們，只是感受它們，平靜地與它們共存，這就是一種力量。

月亮，在我的左手是我的過去，有藏在潛意識中，等我去面對的陰影；太陽，在右手是我的未來，有我想要創造與顯化的夢想。我同時感受著這兩股推動與牽引我的動力，只有在現在這一刻，我才能面對它們帶來的負面情緒，轉化成爲我的力量，讓這兩股壓力成爲我前進的動力，而不是傷害我的壓力，再將此刻完整與滿足的自己，投射至未來。

如果每天我們都如此照顧自己，盡我們所能將今天過到最好，我們的未來，也一定是美好的。

內心的力量——成爲自己的領導者

我們可以影響與激發出自己和他人的力量。

當一個人感受到自己內心的力量，他也可以點燃他人內心的力量。

在我十九歲時，曾經參加一個潛能激發的課程。在課程尾聲，我們要大聲宣示我們是什麼樣的人。當時我的宣示是：「我是一個自信、熱情和有力量的女人。」在我一次又一次堅定、大聲地吶喊出我的宣言時，我全身發麻與震動，這就是充滿力量的感受。我們一個接著一個喊出自己的宣言。那時有一個女孩，一直無法喊出自己的宣言，她深深覺得自己做不到，臉上帶著悲哀與受困的表情。不知道爲什麼，我腦海中卻出現充滿力量的她，我看到她毫不猶疑，清楚大聲喊出她的宣言。

接下來的畫面讓我非常難忘，雖然只是短短一瞬間，對我卻有深刻的影響。我站到她的面前，深深地看進她的雙眼；看進她的靈魂；看到她靈魂內在的火苗，然後點燃它，我不斷在心中喊：「你可以的！」。她看著我的雙眼，我看著她的雙眼，我們就這樣對視了好幾秒鐘，在那一刻，時間彷彿靜止，我眞實感受到彼此的力量。我知道她也從我的雙眼中感覺到她的力量，火焰從她的心中衝出至喉嚨，接著她激動、大聲喊出她的宣言。

十九歲時的我感受到自己的力量；感受到他人的力量，我發現每個人的內在都潛藏著一股力量，可以點燃與激發。但那個時候開始，我就被生命推動，踏上了解「什麼是力量」的旅程。我從能感受到自己力量的狀態，跌入失去力量的狀態。

什麼是力量？

有些人認爲力量與頭銜、名望、財富或職位有關，它是一個人操縱與掌控大權的能力，它代表了權力、勢力、和影響力等，這種力量帶著階級與優越感。當我們認爲力量與權力或財富相關，我們就容易成爲一個盲目的跟隨者，或是不斷與他人競爭往上爬，也可能在不自覺中貶低那些比自己「低階」的人。

我認爲眞正的「力量」與我們的頭銜、財富或勢力無關，雖然這些會帶來一定程度的掌控與影響能力，但這都是「有條件」的力量。當我們拿掉這些外在的條件，是不是就沒有力量了？當摘掉一個人的頭銜、財富和勢力，他是不是就成爲一個沒有力量的人？這也是爲什麼當有些人失去外在的「條件」，就變得一蹶不振。

眞正的「力量」是無條件的，是每個人都擁有的能力，它是一個人內心的韌性與強度。

談到力量，我們也會想到一個人的領導力。什麼是領導者？領導者是帶領一群人一起往共同的目標前進的人。不過領導者帶領的是一群擔憂、迷惘、害怕迷失的羊？還是一群清楚自己的方向，跟他有同樣理念並肩共進的獅子？

我們都是自己的領導者，每一個人都是獅子，但我們從小就被教育要跟隨和聽從比我們階級高或有權力的人，沒有被教導要如何先領導自己，跟從自己的內心，再選擇適合以及與我們相應的人學習。當我們沒有先領導自己；聽從內心的聲音；認識內在力量，就容易迷惘，而開始盲目跟從或崇拜他人，變得容易被掌控，失去自己的聲音。

領導者與力量有直接的關係，但並不完全是一個人對群體控制的能力，而是他如何帶領自己，面對外在與內在的變動。認識自己的領導力和力量最快的方式，就是檢視當我們失敗、低潮、迷失時，我們會面對還是逃避？當別人不喜歡我們、不認同我們、批評我們時；當我們失去關係、失去工作、失去健康時；當我們得不到想要的事物、達不到目標、事情不按照我們的想法進行時；當外在的人事物拒絕我們時，我們如何做自己生命的領導者，帶領自己走過這一切？

當我們被外在「拒絕」時，很容易陷入自我批判與懷疑的漩渦，很多時候為了要逃離這種不舒服感，便開始尋找外在的安慰，來逃避與掩蓋痛苦的感受，但這些「被拒絕」的時刻，反而是認識自己與愛自己的最佳時機。

當我們沒辦法控制外在環境；沒辦法控制他人怎麼看待或對待我們；沒辦法防止別人欺騙或背叛我們時，我們可以決定要怎麼回應所有的狀況，眞誠面對自己內心的情緒感受，用智慧解決。我們不再擔憂外在，因爲我們知道自己有能力面對，這麼做就是看到自己的力量，成爲帶領自己的領導者。

當我們經歷了這些過程，就知道他人也有能力走過這個階段。一個看得到自己力量的人，也能看到他人的力量。一個看得到自己力量的人，在其他人面前，不會覺得自己不足，也不會覺得自己比較優越，不管對方扮演什麼角色，都能看到對方隱藏的力量與値得學習的地方，所以一個有力量的人也是一個謙卑的人。

有些人認爲謙卑是指軟弱、貶低自己或將自己看得渺小，但只有眞正有力量的人才能展現謙卑。一個謙卑的人沒有優越感，不認爲誰比較好或優越，因爲他知道每個人都有強大的內在力量，只是展現在不同的面向，或者是顯現出不同的樣子；

他知道萬物都有值得他學習的地方，他還有許多「不知道」的事。而他開放的心，可以讓他看到他人值得學習的地方，與他人學習和交流，幫助彼此擴張與提升。一個謙卑的人，因爲有開放的心，能看到每個人有力量的那一面，並能欣賞對方的「力量」。

認識自己力量的機會是：當我們遇到一個有力量的人，我們有什麼感受？感覺到自己的不足，想逃離對方？還是覺得不平衡、嫉妒，想批評對方？或是能欽佩欣賞，想向對方學習？也有人在遇到一個展現自己力量的人，剛開始欽佩欣賞，但在與對方接近相處後，卻開始感到自己的不足，心態轉變爲不平衡與嫉妒，開始尋找批評對方的理由，想從批評對方中，剝削對方在自己心中的力量，讓自己的感受好一點。

我們會批評有力量的人，是因爲我們不相信自己的力量；不相信自己改變突破的能力，或是不願意嘗試；不願意下決心：「無論如何我們都要成爲有力量的人」。所以在面對他人展現力量，就會想躲避或是抨擊，想要消滅他人的力量，讓自己覺得他也不過如此。我們怎麼看待力量，怎麼對待其他領導者，就代表我們怎麼對待自己的力量和領導力，如果我們會想削減他人的力量，也就代表我們限制自己展現力量。

當我們真正認識與了解什麼是力量，就不會有別人比較優越或我們比較渺小的感受。我們不只在成功的時候看見自己的力量，而是在黑暗低潮的時期，有能力去面對、渡過一切，能帶領自己走過黑暗空虛和低潮的時刻。這股內在力量，也會引導我們根據自己的長處或興趣，建立外在能力。我們對自己的領導力，讓我們自然而然成爲一個領導者，開始吸引有相同理念的人。

這種領導力，是發自內心的影響力。當我們有這股力量，我們遇到的，也會是同樣有領導力與影響力的人。我們的力量與領導力不是用來控制一群迷失與盲目跟從的羊群，用恐懼掌控他們。我們的力量與領導力會讓我們遇見一群有相同理念的獅子，可以看到與珍惜彼此耀眼的光芒，互相影響，一起發光閃耀；一起在生命中激發與創造出更多不可思議的事物。

成爲預言家——改變自己的命運

太陽系中的行星隨著它們各自的速度在軌道上運轉。讓我們想像一直在運轉的太陽、月亮、水星、金星、火星……等行星，在我們出生的那一刻暫時停止，形成一幅爲我們特別設計的宇宙行星圖，它們的位置和排列的角度形成了不同的引力，這些引力在我們出生的那刻，注入我們，成爲這一生推動我們前進的能量。我們的出生時間刻劃著當時的星象，不同行星的能量和相互的引力烙印在身上後，成爲我們這生獨特的個性、特質、天賦和命運。

我們的生日藏著一連串的密碼，有各種方式可以解碼。生日密碼帶著我們的性格、能力、行爲模式、創傷、人生會遇到的挑戰、使命等祕密，解開生命密碼的領域我們稱爲命理學。不同的門派用它們各自不同的方式幫助人解析他們的密碼。

如果是這樣，難道我們的命運已經注定好了嗎？

不，不是的。這些命運解析，只是在分析我們此生來到地球選擇「扮演的角色」和拿到的「劇本」，並不是我們「眞實的自己」。我們本來的面目，是一個偉大的存在；是有意識的創造者，知道自己無限的潛能和可能性，他的思想、情緒和行動都是從愛出發。

對於命理，我的解釋是這樣：我們出生時，各個行星的能量，生日數字的能量，互相交融，建構出我們這生的「劇本」，在我們出生那刻烙印在我們身上。這個劇本也是我們此生的「工具」，讓我們可以認識在這個角色背後更偉大的自己。但很多人會認爲自己就是「劇本的角色」，而不認爲「我只是演出這個劇本的人」。

如果認爲自己就是劇本的角色，而不是演出的人，就會很難站在比較寬廣的角度看待自己的生命。劇本是工具，它可以幫助我們認識「眞實的自己」，但它也是一種限制，讓我們很難看出藏在角色背後的「眞實自己」。

雖然我們是演出的人，但要改寫劇本還是有一定程度的困難。除了我們太認同劇本中的自己，這個世界的集體意識也在影響我們。如果我們處在一個懷疑、恐懼、爭奪和控制的環境中，要改變生命劇本就要下很大的決心，要清楚看到自己在生命中做了什麼決定。

我們每天都在做不同選擇與決定，從早上一睜開眼我們就開始選擇與決定。很多決定，譬如生活起居的選擇，對我們生活不會有太重大的改變或影響，但有一些大的決定就會影響我們的人生。也有另一種決定，我們以為沒什麼大不了，但它們其實會影響我們命運。這些重大決定就是：我們決定怎麼看自己；決定怎麼看這個世界；決定如何展現自己；決定要如何過生活；決定要有什麼樣的人生……。

也許我們表面上沒有察覺，但許多人在經歷了生命中某些事後，潛意識中默默地認定自己是：「不夠好的人」、「失敗的人」、「沒人愛的人」、「懶散的人」、「膽小的人」、「自私的人」、「花心的人」……，在自己的身上貼了各種「限制自己」的標籤。也有些人，分析了自己的「命格」後，更加認定自己「就是那樣的人」，或覺得「對！你說得好準喔！眞的是這樣呢！」

如果分析我們的特質可以讓自己發揮得更好，在生活中創造更多的可能，當然對我們有幫助。但很多人在知道自己的「負面」特質後，沒有往內繼續探討該如何運用、改變和轉化這個特質來幫助自己，反而將它當作自己失敗或推託的「藉口」，成爲生命中的限制。

「唉，過去的……經驗，或是我的命盤和命格，讓我知道我沒辦法做這些事，會遇不到好的緣分、沒有財運……。」不，這些結果都不是我們過去的經驗或命格所造成的，它們會有影響；會成爲阻礙，眞正的原因是我們決定去相信、決定成爲那樣的人，而讓這些事不斷成眞。

有些人在替人解讀命盤、解讀星象或自然能量，只看到表面的人事物，甚至以恐懼出發，傳遞恐懼和擔憂的能量給被解讀的人。我們看到的很多都只是人事物的表面現象，它是引導我們看見「更深層的自己」的工具，但很多人解釋時就只停留在表層涵義，認爲就是如此。像上一章談到的，我們身上擁有的「負向特質」，很多人被解讀出有「負向特質」，或認爲自己有「負向特質」，就停在這個層面，而不是深入了解它，以「負向特質」作爲工具，幫助自己成長和擴張生命。

譬如有些人解讀命盤，發現這輩子很難碰到「正緣」，很可能會孤獨一生，聽完後就停留在這個「表面」解釋，內心無意識決定自己是這樣的人。卻沒想到命盤顯示的是讓他了解「眞實的自己」的工具，他要先透過這個「表面詮釋」開啟這扇門，通往認識「眞實自己」的道路。所以當一個人解讀命盤，發現很可能會孤獨一生，要先問問自己，他內心的渴望是什麼？

第一，這個世界有很多的標準，孤獨並不一定不好，最重要的是我們內心的感受。有些人雖然孤獨一人，卻很享受孤獨，但也有良好的人際關係，所以我們要先了解內心的渴望。如果內心眞實的渴望是想遇到扶持到老的靈魂伴侶，那就要開始探討自己對關係的恐懼、害怕與不信任等課題。

如果解讀命盤都只停留在人事物的表面，只是按照拿到的劇本，決定劇情就是如此，並乖乖地演出，而不是透過命盤「劇本」去認識自己扮演的角色，發掘角色背後「眞實自己」的面貌，我們的命盤當然也就成爲「很難改變」的命運。

我們的「決定」，是很強大的力量，沒有任何事物可以阻擋我們的「決定」。決定可以幫助我們開啟機會的大門，也可以成爲我們人生路上的障礙。所以我們要去觀察自己，我們大部分的決定是否讓自己感到越來越無力、越來越不喜歡自己？還是讓我們越來越有自信、越來越勇敢和信任自己？

許多人無意識中對自己下了：「我沒辦法、我走不出來、生命好難……」等決定，自然生命也會被引領到那個方向。雖然這些決定看起來好像沒什麼，但就是這些「決定」了我們的命運。

就算我們現在處於低潮，失去重要的人事物，有很多擔憂煩惱，但只要一個有意識的決定：「我決定不論生活的現況如何，我都能化危機爲轉機，面對我該學習與療癒的部分、穿越它，轉化爲我的力量，過一個精彩的人生。」這樣一個決定，會引領我們走向更開闊的生命道路。

也許此刻我們不知道該怎麼辦、該怎麼做或未來會如何，但只要在內心有意識地下了這樣的決定，建立不會動搖的決心，機會、貴人和靈感就會出現。不要再讓過去的經驗或我們的命盤，成為我們難以前進的藉口；不要讓人算準我們的命運，我們是自己生命的預言家，可以寫下我們想要演出的劇本；我們的人生就是一條探索的旅程。

我們的意願和決定勝過我們的業力和宿命，也勝過集體意識帶來的影響。但我們需要先看見自己選擇扮演的角色；看見我們「眼前所見」都只是「表面」，它們只是幫助我們更深入了解自己的工具，也只是通往「眞實自己」的大門，我們必須要開啟它，而不是在門前駐留。如果我們看不見或不願意看見，就只會被自己的業力、命盤、宿命、過往經驗，甚至集體意識牽著走！

我們原本的命運，我稱之為「劇本」，在我們出生那天，烙印至我們身上，帶著引力，推動我們演出。但同時，也讓我們知道自己能藉由劇本去認識「眞實的自己」，了解每個選擇都引領我們發掘靈魂的最高潛能，創造出想要的劇本。

我站在人面獅身像前，站在它的兩爪中間，感受到它帶來的高頻率壓力。慢慢有些話語浮現：

「讓宇宙的壓力成爲你生命的動力，不再侷限於個人命運的推擠，讓宇宙的命運，在地球展現。你不再跟隨個人命運，你將跟隨宇宙，帶著深刻的覺知。」

「你的渴望不再只是個人的渴望，雖然你的渴望看似是個人的，但它其實是宇宙的渴望，透過你展現在地球上，它看似是你個人的渴望，但卻有強大的影響力。」

「放掉過去；放掉未來，讓每一顆行星的能量進入你，它們推擠著你，讓你從宇宙的子宮重新出生，你穿越了宇宙門戶，人面獅身是門戶的守護者。」

「你不再跟隨個人命運，你帶著宇宙的圖像在運轉，你是地球上的星星。你跟隨著宇宙；跟隨行星；跟隨天上的星星，它們將引領你生命中的變動。」

「你不再有過去；不再有未來，只有現在這一刻，這是你最高潛能發揮的一刻。在這一刻，你想做什麼？在最高的潛能中完成你這一刻的渴望吧！」

人面獅身像穩穩地坐在這裡，雖然它望向遠方，但它的使命在這裡，在這裡守護著地球。它是偉大計劃的一部分；它是宇宙門戶的守護者；它看著從宇宙子宮重生的我們。我們也是宇宙偉大計劃的一部分，我們是自己生命的預言家。

國家圖書館出版品預行編目資料

Rebirth：蛻變的重生旅程／Grace Ko（柯欣玄）著. --初版.--臺中市：白象文化事業有限公司，2021.12
面； 公分
ISBN 978-626-7056-06-6（平裝）
1.人生觀
191.92 110016217

Rebirth：蛻變的重生旅程

作　　者　Grace Ko（柯欣玄）
校　　對　王蜜亞
發 行 人　張輝潭
出版發行　白象文化事業有限公司
412台中市大里區科技路1號8樓之2（台中軟體園區）
出版專線：（04）2496-5995　傳真：（04）2496-9901
401台中市東區和平街228巷44號（經銷部）
購書專線：（04）2220-8589　傳真：（04）2220-8505
專案主編　李婕
出版編印　林榮威、陳逸儒、黃麗穎、水邊、陳媁婷、李婕
設計創意　張禮南、何佳諠
經銷推廣　李莉吟、莊博亞、劉育姍、李如玉
經紀企劃　張輝潭、徐錦淳、廖書湘、黃姿虹
營運管理　林金郎、曾千熏
印　　刷　基盛印刷工場
初版一刷　2021年12月
定　　價　320元